SÍ SE PUEDE TENER ÉXITO

Guía latina para manejar
bien tu dinero y tu futuro

Charles González
con la colaboración de
Jim Reichert y Peter Caldwell

Dearborn
Financial Publishing, Inc.®

A pesar de que se ha procurado dar información fidedigna y actualizada, las ideas, sugerencias, principios generales y conclusiones que figuran en este texto, éstan sujetas a reglamentaciónes municipales, estatales y federales, casos llevados a los tribunales y revisiones de los mismos. Recomendamos al lector buscar asesoría legal en lo concerniente a leyes específicas aplicables a su localidad. Esta publicación no debe ser utilizada como sustituto de consejo legal competente.

Traducido de la primera edición en inglés de
Yes You Can!/¡Sí! se Puede
© Copyright original 1998 por Charles González, Jim Reichert y
    Peter Caldwell

Dirección editorial:	**Karin N. Kiser**
Supervisión editorial y producción:	**Editorial Pax México**
Traducción:	**Ezequiel Ramos Aparicio**
Portada:	**Richard Gahalla**

© Copyright 1999 por Dearborn Financial Publishing, Inc.®
Publicado por Dearborn Financial Publishing, Inc.®, Chicago

Library of Congress Cataloging-in-Publication Data
González, Charles.
    [Yes you can! Spanish]
    Sí se puede tener éxito: guía latina para manejar bien tu dinero
    y tu futuro/Charles González con la colaboración de Jim
    Reichert y Peter Caldwell
    p.   cm.
    ISBN 0-7931-3339-4
    1. Hispanic Americans--Finance, Personal. 2. Investments-
Planning. I. Reichert, Jim. II. Caldwell, Peter. III. Title.
HG179.G67418 1999
332.024'0368073--dc21   99-13293
                                                    CIP

ÍNDICE

Datos biográficos
de los autores

Charles González, hijo de emigrados latinos a Estados Unidos, trabaja para la National Retirement Planning Associates, empresa de servicios financieros en la cual estructura planes para compañías y personas físicas del área metropolitana de Nueva York. Se especializa en ayudar a sus clientes a tomar decisiones inteligentes en cuanto a su dinero, con el fin de aumentar su patrimonio. Un aspecto cada vez más importante de su labor es el de elaborar planes para profesionales y empresarios latinos. Esto lo pone en contacto directo con las aspiraciones, objetivos y obstáculos que enfrenta este sector de la población. Durante algunos años, como presidente de la Westchester Hispanic Chamber of Commerce, abogó por la capacitación económica de los latinos. Desde ese puesto ayudó a compañías establecidas o recién formadas a reconocer nuevas áreas de desarrollo, formular planes de negocios y obtener financiamiento, además de asesorarlas en sus actividades de mercadotecnia.

El señor González es miembro activo de la New York State Federation of Hispanic Chambers of Commerce, que representa los intereses de empresarios y profesionales latinos en ese estado, y de la United States Hispanic Chamber of Commerce. Tiene el grado de M. B. A. por la George Washington University y de B. A. por la SUNY, así como licencia de vendedor de seguros de vida y valores. Vive en Pawling, Nueva York, con su esposa Loretta y su perro Floyd. Su dirección en Internet es: Chagonz@yahoo.com.

Peter Caldwell y **Jim Reichert** son socios en The Business BookWorks, empresa editorial especializada en libros de negocios imaginativos reales y de autoayuda. Sus esfuerzos fructificaron en "You WILL Be Satisfied", publicado por Harper Collins, el cual hace un recuento del éxito empresarial de Bob Tasca, debido a sus particulares principios para lograr la satisfacción de sus clientes.

El señor Caldwell imparte la cátedra de Economía y Negocios, realiza investigaciones académicas en historia económica y ha publicado numerosos artículos sobre el tema. Entre sus logros se cuenta el arranque de varias empresas, incluyendo una en el campo de la alta tecnología de controladores industriales. Tiene el grado de Ph. D. en economía por Connecticut, de M. A. por Tufts y de M. B. A. y B. A. por Dartmouth. Vive con su esposa Janet y su gata Georgette en Quincy, Massachussets.

Antes de dedicarse a escribir, Jim Reichert ocupó puestos de gran relevancia en las áreas de mercadotecnia y ventas, tanto en compañías importantes como en otras que apenas iniciaban. Ha sido asesor senatorial y administrador de campañas. Además, se ha ocupado de iniciar compañías en las industrias del cuidado de la salud y de productos de consumo. Tiene el grado de M. G. A. por Pennsylvania, de M. A. por Washington (St. Louis) y de B. A. por Miami (Ohio). Vive en Mt. Kisco, Nueva York, con su esposa Stacy, su hija Sydney y sus perros Chelsea y Edgar.

AGRADECIMIENTOS

Escribir un libro es una tarea compleja y, a menudo, caótica. *Sí se puede tener éxito* no habría visto la luz sin la ayuda de muchas personas. Ellas son:

Nuestras esposas, Loretta, Stacy y Janet, a quienes estamos profundamente agradecidos. Sin su apoyo, paciencia y amor, este proyecto pudo no haber llegado a buen término. Estoy particularmente agradecido con Loretta, quien ha compartido y respaldado mis investigaciones respecto de las experiencias de los latinos y mis esfuerzos en pro de su capacitación económica, labores que han abarcado ya una década. Sin su apoyo no hubiera podido hacerlo.

Gracias a mi hijo Adam, cuyas experiencias posescolares recientes, igual que su valor, inspiraron el capítulo 9.

Toda persona es producto de su familia. Nadie ha tenido mayor influencia sobre este proyecto que mi madre, Lupe. Gracias por todo.

Ilse Vélez y Rosa Calderón despertaron mi conciencia a los importantes cambios que se han dado en la comunidad latina, además de inspirarme con su pasión y energía representativa de los jóvenes latinos. Gracias por lo que han hecho y por lo que seguirán haciendo.

Muchos profesionales financieros, oficiales de gobierno y personas comunes compartieron sus conocimientos y experiencias con nosotros. Sus enseñanzas se ven reflejadas a lo largo de este libro y estamos muy agradecidos por su ayuda.

Charles González
Jim Reichert
Peter Caldwell

INTRODUCCIÓN

¿Por qué es necesaria una guía latina para forjar un patrimonio familiar? Existen ya en el mercado muchos libros de finanzas personales, algunos de ellos muy buenos. ¿Por qué no comprar alguno de ellos? Después de todo, no existe lo que podríamos llamar una sociedad de inversión latina.

La respuesta es, a la vez, simple y compleja. La parte sencilla reconoce que la planeación económica personal es un medio, no un fin. Antes que nada, necesitamos saber más acerca de las metas que como latinos podemos alcanzar; luego podremos examinar la manera en que llegaremos a ellas. Más adelante le diré cómo capitalizar sus oportunidades por medio de la planificación financiera personal, pero primero tengo que hablarle de aquello que, como pueblo, tenemos que hacer. Este libro trata de las *oportunidades especiales que se nos ofrecen para llevar al éxito a nuestras familias.* Como latinos, debemos reconocer el futuro que tenemos por delante. También debemos identificar aquello que nos impide alcanzarlo. Entonces, sólo entonces, tendremos la motivación para ir tras el porvenir. Éste es un llamado a los latinos para que despierten. *Sí se puede.*

Una prueba de perspicacia financiera

El mundo de los planes de retiro se ha vuelto loco. Antes, las compañías, en una actitud paternalista, pagaban a sus empleados una pensión, un ingreso garantizado para su retiro, que no permitía cuestionamientos ni dejaba opciones. Actualmente se acostumbra que sean los trabajadores quienes, de manera individual, paguen y administren sus pensiones, llamadas planes 401(k), o planes Keogh para los que trabajan por su cuenta en Estados Unidos. Ahora, cada quien decide cuánto aporta a su fondo de retiro y cómo deben invertirse tales aportaciones. Estos planes no ofrecen las garantías que los tradicionales planes de pensión empresariales sí daban, pero sí ofrecen recompensas potencialmente mayores. Ahora, los ingresos para el retiro se basan en el rendimiento y desempeño de las inversiones que *usted* elige.

Desafortunadamente, a pesar de los grandes esfuerzos de capacitación realizados por los patrones y las compañías de servicios financieros para informar acerca de las maneras de invertir, la mayoría de las personas sigue colocando gran parte de sus activos para el retiro en inversiones de bajo rendimiento, tradicionalmente "seguras", y todo por la ignorancia o el temor de sufrir pérdidas. La falta de conocimiento y el miedo irracional llevan a millones de personas a perder miles de millones de dólares en futuros intereses para el retiro. Y los latinos son los más proclives a ello.

Bueno, pasemos a la prueba:

- ¿Sabe cuánto dinero deberá tener invertido para asegurarse de que a su retiro podrá tener el nivel de vida que desea?

- ¿Sabe cuánto debe ahorrar y con qué porcentaje de réditos de su inversión para poder acumular esa cantidad?
- ¿Sabe cuánto generó en intereses su inversión para el retiro el año pasado?

Conozco a muchos latinos con los conocimientos financieros suficientes para pasar esta prueba, pero por desgracia conozco a muchos más que no han aprendido los principios básicos del interés capitalizable como para colocar su dinero en inversiones con distintos grados de riesgo. ¿Usted conoce esos principios?

Antes no acostumbrábamos confiar en las autoridades, de ahí que no nos arriesgábamos a convertir nuestro patrimonio en inversiones monetarias, pues no sabíamos si más adelante nos las confiscarían. Eso nos hizo perder la noción de que nuestro dinero puede crecer con el paso del tiempo si lo invertimos. Sólo confiábamos en los bienes raíces y algunas otras cosas conocidas como valores firmes. Como resultado, hoy nos mostramos muy conservadores respecto al dinero y los riesgos a que podríamos exponerlo. Las estadísticas muestran que recurrimos poco a las cuentas de cheques y las tarjetas de crédito. Tenemos una experiencia muy limitada en el campo de las inversiones y los asuntos financieros, así que apenas nos beneficiamos de las grandes alzas en el valor de las acciones bursátiles en los pasados seis años, pues son muy pocos quienes las poseen. Y, sin embargo, vivimos en un mundo nuevo en el que estas cosas son cada vez más importantes. Si queremos alcanzar los objetivos deseados para nosotros y nuestras familias, debemos evitar los obstáculos que bloquean el camino hacia nuestro futuro poder monetario.

Los latinos nos hallamos hoy en una coyuntura especial entre nuestro pasado y nuestro futuro. El porvenir ya nos alcanzó. Debemos aprovechar las oportunidades que esta coyuntura nos ofrece.

Sí se puede tener éxito, y a continuación le explicaré a qué me refiero.

Nuestra historia

Actualmente somos un pueblo joven. Muchos de nosotros no han cumplido siquiera treinta años. No hemos tenido mucho tiempo para generar riqueza en nuestras vidas; necesitamos empezar ya.

Venimos de países que han perdido gran parte de su riqueza. Eso significa que tenemos que empezar con menos recursos que otros grupos y que debemos acrecentar nuestro patrimonio más rápidamente.

Poseemos un legado inapreciable. Nuestros padres y otros familiares, igual que antes sus propios padres, trabajaron realmente duro y se sacrificaron para dejarnos una herencia invaluable: una gran ética de trabajo, fuertes valores familiares y tantos estudios como nos pudieron pagar. Tenemos las herramientas psicológicas y educativas necesarias para triunfar.

En realidad no somos inmigrantes, estamos reclamando lo que nos pertenece. Nuestra civilización existía ya en América mucho antes que la angloamericana comenzara. Muchas de nuestras familias, incluso, han vivido en el mismo lugar desde hace unos 400 años, en lo que más adelante se convertiría en Estados Unidos. Así pues, muchos no nos hemos movido, fueron las fronteras las que lo hicieron.

Nuestro futuro inmediato

Tenemos los grupos de clase media y alta de más rápido crecimiento en Estados Unidos. Actualmente, el 44 por ciento de los latinos en ese país es de clase media y el 20 por ciento ya es rico. Nuestro futuro es seguir con ese crecimiento, hasta el punto en que representemos el 25 por ciento de la población total de Estados Unidos.

Somos el grupo minoritario que posee más empresas en Estados Unidos. Hombres y mujeres latinos están logrando un gran éxito en los negocios. Hoy en día existen casi un millón de empresas propiedad de latinos. Muchos se han hecho muy ricos e incluso han construido grandes instituciones bancarias y ayudan al resto de su comunidad al ofrecerles oportunidades de empleo y de hacer carrera. Todos podemos subir juntos a este gran edificio económico.

Lo que nos falta es *riqueza* acumulada. Solemos prestar demasiada atención a los ingresos que ganamos en el presente y no nos ocupamos de construir un patrimonio. No hay nada malo en ser rico. Lo único que nos limita es nuestra tasa relativamente baja de creación de capital. Todavía no creamos suficiente y es por eso que este libro es tan importante para todos nosotros.

¿Cómo me ayudará este libro a crear un patrimonio?

Para forjar un patrimonio para su familia necesita cuatro cosas:

La actitud correcta. Éste es el elemento más importante para lograr el éxito en la vida, no la riqueza heredada, ni una gran inteligencia. A los estudiantes de calificaciones regulares o bajas generalmente les va mejor en lo económico que a los alumnos más destacados. Tampoco se necesitan grandes habilidades. Su empleador lo contratará y se encargará de capacitarlo... si usted tiene la actitud correcta. Lo mismo puede decirse respecto de la creación del patrimonio familiar: lo primero que necesita en relación con sus oportunidades de éxito como latino y respecto de la riqueza en sí, es una actitud correcta.

La buena comprensión de la vida. Somos muy pocos los que comprendemos realmente cómo funcionan las cosas; por ende, tomamos malas decisiones en nuestra vida. Nos convertimos en profetas ambulantes encargados de hacer cumplir nuestras predicciones: pregonamos que no tendremos éxito en la vida... y así sucede. Déjeme ofrecerle un símbolo muy visible del éxito: un gran rascacielos. La vida personal, el trabajo y la riqueza tienen las dimensiones de una de estas grandes construcciones. Todos, cuando nacemos, vivimos junto al elevador de la vida. Algunos empezamos en un piso alto, otros en uno bajo, pero todos tenemos la opción de ir al ascensor y oprimir el botón adecuado para subir... o bajar. Desafortunadamente, son pocos quienes se percatan de que hay un elevador en el rascacielos de la vida o en qué piso se encuentran. En este gran edificio, ganarse la vida en un empleo, aun si es uno muy bueno, significa vivir en el sótano. El nivel más alto es la independencia, definida más ampliamente como la independencia financiera: contar con suficiente solvencia monetaria para cubrir cualquier necesidad. Con este libro trataré de hacerle cobrar conciencia del rascacielos de la vida y sus ascensores, de modo que pueda descubrir en qué piso vive y trabaja ahora; además, le enseñaré cómo oprimir el botón correcto para mejorar su nivel de vida.

Los bloques de construcción correctos. La riqueza se crea usando distintos tipos de bloques de construcción. Tal vez piense que me refiero a que existen varios instrumentos financieros, como los fondos de inversión o las acciones ordinarias. No es así. Hablo de cosas más fundamentales: la fijación de metas, la planificación, la capitalización, el tiempo, el riesgo y la recompensa, el ánimo emprendedor, el capital humano y la generosidad, así como la actitud correcta en cuanto a la manera en que nos valoramos. Probablemente, el concepto más difícil de comprender para los latinos sea el del tiempo como un horizonte distante. Aquí intentaremos ayudarle a expandir sus horizontes y aprender el arte de lo posible.

Las estrategias correctas para su éxito futuro. El porvenir no se presentará de manera idéntica al pasado, pero hay algunos principios subyacentes que nos ayudarán a desarrollar las estrategias de éxito adecuadas para enfrentar al nuevo milenio en Estados Unidos. En la parte 3 del libro le enseño a concretar sus ideas respecto de cómo crear nueva riqueza para su familia y vivir bien. *¡Sí se puede!*

Seis cosas que puede hacer... ahora mismo

Formule un plan financiero para su futuro. Decida sus prioridades y metas, reflexione dónde se encuentra ahora y comprométase a dar el primer paso hacia adelante.

Controle su propio dinero. Ajústese a un plan de gastos. *Empiece a pagarse primero a sí mismo, no al final. Pague sus deudas malas.*

Empiece a trabajar en la conservación de su dinero, y no trabaje sólo en su empleo. Tome medidas para conservar su patrimonio.

Aprenda las diferencias entre *ahorrar, invertir y especular.* Pase de ahorrador a inversionista y deje que el poder de la capitalización agrande su patrimonio.

Haga dinero mientras duerme... y siga durmiendo bien. Aprenda sobre los riesgos y recompensas.

Parte uno

LA NUEVA
HISPANOAMÉRICA

Capítulo 1

ARQUITECTURA DEL CAPITAL LATINO

Un pequeño ejercicio monetario

Hágase esta pregunta: *¿en qué sentido es importante el dinero para mí?* Luego piense detenidamente y tome papel y lápiz. Elabore una lista de las razones por las que siente que el dinero es importante. Entre sus respuestas pueden contarse las siguientes:

- Me da la capacidad de sostener a mi familia, a mis hijos y a mis padres.
- Me proporciona los recursos necesarios para pagar los estudios universitarios de mis hijos.
- Me da la libertad de viajar.
- Me permite obtener las cosas buenas de la vida cotidiana.

- Me da la capacidad de donar dinero a la iglesia, a obras de caridad o a gente necesitada.

Reflexione con más profundidad, pregúntese por qué es importante la capacidad de usar su dinero para cada una de sus necesidades y anote sus respuestas.

¿Qué me gustaría ver como resultado de usar mi dinero para cada necesidad específica? Imagine esos resultados y anótelos.

¿A quién me gustaría hacer feliz? Visualice y escriba sus nombres.

¿Cómo me sentiré cuando logre esta meta? Imagíneselo, identifique sus emociones y apúntelas.

Es importante que haga todo esto con mucho cuidado.

Hablemos ahora del propósito de este ejercicio. El objetivo es ponerlo en contacto con el dinero que pueda llegar a tener en el futuro, de una manera profunda, emocional y personal. Tiene la capacidad de llevarlo a superar los temores, inseguridades y culpas que generalmente surgen en cualquier discusión seria que aborde el tema del dinero, las finanzas personales y la planificación del futuro. Si lo realiza con toda atención y cuidado, logrará, quizá por primera vez en su vida, liberarse del poder de esas emociones, que lo atenazan y le impiden avanzar. La independencia económica no empieza al conseguir, de alguna manera, una gran cantidad de dinero, sino al determinar sus metas en la vida. Es el dinero el que se subordina a los objetivos, y no a la inversa.

Ir por la vida sin planificación alguna, sin fijarse metas, es fácil. Para eso no se necesitan habilidades ni se requieren esfuerzos. Por otra parte, el ejercicio que le he propuesto es difícil. La triste realidad es que nada cambiará para usted a menos que se decida a realizarlo. Tal vez ya haya decidido pasar por alto el ejercicio y continuar leyendo el resto del libro; "mañana", quizá se diga, "mañana lo haré". Pero déjeme decirle una cosa: esa fecha sólo existe en el calendario de los tontos. Puede ser que piense que ya es muy tarde para empezar a planificar su futuro. Tal vez sea tarde, pero no tiene por qué ser demasiado tarde. Como escribió Og Mandino en *El vendedor más grande del mundo (The Greatest Salesman in the World)*: hay una distancia inconmensurable entre "tarde" y "demasiado tarde". En el lapso comprendido entre uno y otro concepto, usted puede ver ocurrir milagros en su vida.

Perder la vida en la zona de la no planificación

Piense en las metas como si fueran un proyecto de auto-construcción. Usted desea construir su nuevo hogar; llamémoslo la Casa de la Prosperidad. Cuando la termine, vivirá en el piso más alto, pero por el momento ni siquiera tiene sótano. Aún no ha hecho los planos. Para empezar, vive en un departamento rentado, y allí no puede basar sus planes para el futuro. Acaso tenga acabados muy suntuosos, pero no es más que un departamento. Es fácil vivir la vida como se presenta, pero no muy conveniente; y el porvenir se vislumbra igual que el presente y el pasado: muy aburrido. *Por desgracia, demasiados latinos viven su vida en la zona de la no planificación.* ¿Qué puede hacer usted en este momento para impulsarse hacia un mejor futuro?: comenzar a planificar.

Lo primero que muchos de nosotros intentamos es lo que se conoce como "propósitos de año nuevo". Como se construyen en el aire, estos propósitos pronto se diluyen en la realidad del trabajo duro. Luego está lo que llamo planes ocasionales: planificar y ahorrar para algún suceso importante, como la Navidad, las vacaciones o una boda. No es de sorprenderse que la planificación ocasional pocas veces cubra algo más que una necesidad circunstancial. No es, pues, la manera eficaz de forjar un patrimonio, por la abrumadora y obvia razón de que casi siempre se realiza con la intención consciente de gastar lo ahorrado el día que se presente la ocasión. Tristemente, sólo lo lleva de regreso a la situación en que estaba: a la dependencia económica, la falta de control personal sobre su destino y las escasas posibilidades de elección para usted y su familia.

Después de la planta baja que representa la planificación ocasional, el siguiente piso de la Casa de la Prosperidad es la *planificación de necesidades*, lo que llamo planificación de "bienestar", porque luego de realizarla uno se siente mejor en cuanto a algún área específica de su situación financiera general. Algunos ejemplos de ella son: el retiro, la educación y los gastos funerarios. Este tipo de proyecciones —reconocer una necesidad y comprar un producto para satisfacerla— son la base de la industria de servicios financieros. Los grandes bancos, las compañías de seguros y las casas de bolsa se enfocan en esta clase de necesidades para vender sus servicios como "asesores financieros". Sin embargo, este enfoque presenta un problema: considera nuestras vidas como una colección de necesidades aisladas, ignorando el hecho de que todas las facetas de nuestra existencia tienen una naturaleza de interconexión e interdependencia, igual que la vida familiar en sí. La planificación de necesidades dirige nuestra atención hacia los mínimos, y no los máximos, satisfactores de la vida. ¿Usted qué escogería? Ocuparnos de nuestras necesidades por separado nos obliga a conformarnos con menos de lo que realmente podemos lograr.

La experiencia me dice que la gente se muestra decidida a trabajar duro y sacrificarse sólo por dos cosas: sus necesidades y sus deseos. Pero las más grandes satisfacciones las obtenemos al conseguir las cosas que nos dan lo que deseamos. La planificación de necesidades nunca nos dará lo que realmente queremos; y ésa es la gran desventaja que implica.

Piénselo bien: una casa más grande o más bonita, más propiedades, un viaje a Europa, una cocina nueva, una carrera universitaria, el tiempo y la capacidad para pintar un cuadro, o tocar o componer su música favorita, son cosas que no necesitamos. Pero si no obtenemos algunas de ellas, nuestras vidas discurren de manera triste y limitada. No vivimos en la planta baja sino que conseguimos apenas lo justo para las escasas y pobres oportunidades que se nos presentan; vivimos, más bien, en un nivel apenas lo suficientemente alto para ver que la gente que nos rodea cumple más de sus deseos que nosotros.

¿Necesita un planificador financiero?

Las siguientes 10 preguntas le ayudarán a averiguarlo. Marque las que, en su caso personal, resulten verdaderas.

1 ❏ Vivo de mi sueldo.
2 ❏ Tengo muchas deudas.
3 ❏ Todas mis inversiones están en el mercado de dinero o en certificados de depósito (CD).
4 ❏ No tengo la menor idea del valor neto de mis posesiones.
5 ❏ Me preocupa pensar que no podré pagar los estudios universitarios de mis hijos.
6 ❏ Recibí una herencia y no sé cómo invertirla.
7 ❏ Creo que no tendré dinero suficiente para un retiro tranquilo.
8 ❏ No estoy seguro de que mi familia podría sostener su nivel de vida actual si yo muriera o sufriera alguna discapacidad.
9 ❏ Tengo algún dinero para invertir, pero sigo posponiéndolo.
10 ❏ Durante el año pasado experimenté uno o más de los siguientes cambios: el nacimiento de un hijo, una adopción, un matrimonio, una discapacidad, una herencia, un divorcio, el cuidar a un pariente anciano, la pérdida de mi empleo, un retiro anticipado.

Si respondió afirmativamente a cualquiera de las preguntas, usted necesita un planificador financiero.

Cómo escoger un planificador financiero

Este tipo de asesor puede ayudarle a desarrollar una estrategia útil para alcanzar sus objetivos financieros. Al momento de elegirlo, tome en cuenta la manera en que deberá pagarle.

Los que sólo trabajan por comisión se ganan la vida cobrando cargos por las inversiones que recomiendan. Estos planificadores sólo tienen utilidades si usted compra sus productos, así que debe cuidarse de que no lo lleven a realizar inversiones con las que les paguen comisiones elevadas.

Los que trabajan por honorarios y comisión le cobran por diseñar su plan y también reciben comisiones adicionales si usted compra sus productos.

De entrada, los planificadores por honorarios y compensación le costarán más, pero no reciben ninguna devolución parcial o comisión sobre sus inversiones.

A los planificadores a sueldo les pagan los bancos, las uniones de crédito y las instituciones financieras por ofrecer asesoría a sus miembros. Si bien es cierto que no reciben ningún tipo de comisión, es poco probable que le animen a retirar su dinero de su institución para invertirlo en otra distinta.

Recuerde que los planificadores financieros no tienen que cubrir ningún requisito profesional o académico legal, ni necesitan licencia alguna. Así que la lectura de este libro le ayudará a encontrar el camino a través de este confuso laberinto de opciones. Algunas siglas que aparecen junto al nombre del asesor significan que ha recibido alguna capacitación; cerciórese de ello. Menos de uno de cada cinco planificadores del país se ha tomado la molestia de cubrir las normas profesionales. Los que lo han hecho pueden registrar las siguientes siglas después de sus nombres: CFP (Certificación del Institute of Certified Financial Planners) o ChFC (Certificación de la American Society of Chartered Financial Consultants). Las credenciales no garantizan la excelencia, pero no están de más.

Cómo escoger un asesor financiero
(*continuación*)

Con el fin de ayudarse a determinar si el planificador que está considerando es el adecuado, hágale las siguientes preguntas:

- ¿Cómo le pagará?
- ¿Cuál es su filosofía acerca de las inversiones? ¿Conservadora? ¿Agresiva?
- ¿En qué se especializa?
- ¿Puede ofrecer referencias?
- ¿Qué tipo de seguimiento puedo esperar de usted?
- ¿Qué entrenamiento profesional ha recibido?
- ¿Cuál es su nivel educativo?
- ¿Conoce a fondo los productos que recomienda?
- ¿Con qué frecuencia nos veremos?
- ¿Trabajará usted personalmente en mi plan?

¿Existe otra forma de planificar?

En este punto, tal vez se pregunte si hay otra manera de hacer un plan. De hecho, existe otro tipo de planificación, que yo llamo *planificación holística*, porque su objetivo es abarcar todos los requerimientos. Su meta es diferente: generar riqueza, no sólo cubrir las necesidades. Se enfoca en algo que la planificación de necesidades parece haber soslayado: la eficacia total de su dinero, de su sistema financiero personal. Para decirlo de otra manera: todas las necesidades y deseos que usted haya tenido o sentido en la vida tienen un denominador común: el dinero. Entonces, ¿por qué no ocuparse directamente de su potencialización, en vez de enfocarse en sus necesidades de manera particular, una a la vez?

El juego del común denominador

Haga este pequeño ejercicio. Si pudiera alcanzar las más importantes metas financieras de su vida, ¿cuáles serían? Tómese un minuto y anote algunas de las posibilidades. La experiencia con mis clientes me ha enseñado que la mayoría piensa en estos aspectos fundamentales para su estilo de vida:

- La jubilación
- El fondo para la educación
- La compra de una casa
- El cuidado de familiares
- El hacer un viaje
- El inicio de un negocio

Tal vez pensó en otros. ¿Cuáles son los más importantes para usted? Anótelos y fíjese en algo que resulta obvio: el común denominador es que se necesita dinero, cierta cantidad de efectivo, para conseguirlos.

¿Qué sucedería si lograra crear un sistema financiero personal que hiciera rendir su dinero de manera más eficiente? En términos generales, lograría crear una arquitectura de planificación totalmente nueva; podría trazar los planos de la torre de la riqueza, capaz de cubrir todas sus necesidades. Los latinos arrancamos tarde en la carrera para generar riqueza en Estados Unidos, por eso vamos retrasados. Así que necesitamos una nueva arquitectura que nos ponga a la par.

¿En qué difiere la planificación financiera holística de la tradicional? En que la primera sostiene que el dinero es el dinero. No tenemos más que mirar las tres esferas de influencia que el dinero ejerce sobre nuestras vidas. Reflexione en esto por un momento: algunas cosas en la vida amenazan nuestro bienestar, tanto en lo personal como en lo financiero. Tales cosas son cubiertas por *la esfera de la seguridad* de la planificación financiera. Todos quisiéramos que nuestro dinero se incrementara rápidamente; ésa es *la esfera del crecimiento*. Finalmente, casi todos hemos pedido dinero prestado y quisiéramos reducir, incluso eliminar, esos préstamos porque su peso nos agobia; ésa es *la esfera de las deudas*. Las primeras dos esferas, es decir, la seguridad contra los inconvenientes de la vida y el crecimiento del patrimonio, son positivas, en tanto que la tercera es negativa. Todos deseamos que las primeras crezcan y la última se reduzca.

La esfera de la seguridad

Esta esfera abarca todas las facetas de protección necesarias en nuestras vidas; es como un escudo contra daños, tanto para nosotros como para nuestras familias o para nuestra capacidad de ganarnos la vida. Afrontemos la realidad: la mayoría de la gente no cuenta con el dinero suficiente para comprar esa protección de manera directa. Y aun si pudiera hacerlo, el usar nuestro propio dinero para protegernos minaría nuestra capacidad de generar riqueza. En este aspecto de la vida nos conviene más usar el dinero de otras personas (DOP). Comprar la protección nos resulta más barato que protegernos por nosotros mismos. Y la principal manera de usar el dinero ajeno para ese propósito es comprar un seguro.

Nuestras propias actitudes pueden llevarnos a sufrir grandes pérdidas. Piense en el seguro para el automóvil, por ejemplo, algo que por ley todos debemos tener. ¿Se da cuenta de que, probablemente, esa póliza sea el más valioso protector que pueda tener de su patrimonio presente y futuro? La sombra de un accidente o robo de su auto puede caer sobre usted como un ladrón en la oscuridad y despojarlo, literalmente, de casi todo su patrimonio. Y, sin embargo, ¿cuántos de nosotros comprendemos realmente las especificaciones de cobertura de las pólizas y las formas específicas en que protegen nuestro patrimonio? ¿Su seguro le brinda la protección que realmente necesita? ¿Está pagando demasiado por una cobertura insignificante? Éstas son preguntas importantes que muy pocos nos hacemos, porque pensamos en el seguro automovilístico más como una obligación legal que como una barrera de seguridad indispensable para nuestro patrimonio.

El mismo principio de *eficacia* se aplica también a los seguros de bienes raíces, de responsabilidad civil y de vida; ¿cuánto recibe en protección, por cuán poco dinero? Haga rendir su dinero de manera más eficiente en estos casos y le quedará una mayor cantidad disponible para la esfera de crecimiento de su planificación financiera. Más adelante le diré más sobre cómo hacerse cargo de la situación de sus seguros.

La esfera de la seguridad va más allá de los seguros e incluye también todo el dinero que podamos tener en las llamadas cuentas garantizadas, como las cuentas de ahorro bancarias, los certificados de depósito (CD) y las cuentas del mercado de dinero. La gente procura guardar en ellas el dinero previsto para los tiempos malos, los fondos de emergencia e incluso los ahorros a largo plazo, cuando no desea arriesgar su dinero. Los latinos generalmente lo hacemos porque buscamos que esté garantizado o porque no sabemos qué más hacer con él o porque nos confunde la variedad de opciones disponibles. En otra sección del libro le hablaré de los remedios para esta clase de ahorro tan exageradamente cautelosa.

La esfera del crecimiento

Bienvenido a la esfera en donde los sueños se hacen realidad, nacen las estrellas y se espera que las grandes recompensas se nos otorguen casi como por obligación. Es aquí donde la gente que desea ver su patrimonio crecer rápidamente debe estar. Bienvenido al mundo de las acciones bursátiles, los bonos, las sociedades de inversión, los bienes raíces y algunas otras inversiones más esotéricas. Esta esfera puede incluir también inversiones altamente especulativas, como los productos básicos y las sociedades de responsabilidad limitada. Por supuesto, funciona bajo principios muy diferentes de los de la esfera de la seguridad. En aquella, el principio es la *garantía*; en ésta, lo es el *cambio*. No todos ganan en ella. Imagine que es como uno de esos elevadores de alta velocidad de los grandes rascacielos de Miami: puede subir muy rápido, pero así de rápido puede bajar.

Una parte importante de la planificación financiera holística implica aumentar al máximo la eficacia del dinero de su esfera de la seguridad, de tal modo que su remanente para depositar en la del crecimiento sea mayor. Pero, ¿dónde podría colocarlo, y cuán arriesgado resultaría hacerlo? Estas preguntas frecuentemente nos atormentan.

Estudios recientes indican que la gente posee pocos instrumentos de inversión. Seguimos creyendo que nuestra meta de inversión definitiva debe ser la posesión de bienes raíces. Algunas de las razones para ello pueden ser la falta de información y de experiencia personal en la compra de títulos con valor líquido, la desconfianza y temor hacia todo aquello que no sea sustancial (como los bienes raíces) o no esté garantizado (como las cuentas bancarias) y, por último, una cierta apatía hacia la planificación de objetivos de largo plazo.

Los latinos debemos cobrar conciencia de que las inversiones garantizadas sólo nos certifican que conservaremos nuestro nivel de vida actual; no tendremos ninguna mejoría económica. La experiencia de los estadunidenses en general demuestra que nos va mucho mejor cuando aprovechamos las tasas de rendimiento del mercado de valores, puesto que son superiores al promedio. ¡*Sí se puede!*

La esfera de las deudas

En conjunto, la mayoría de nosotros sabe demasiado de esta esfera, ¡excepto cómo reducir su tamaño! En ella se encuentran las hipotecas, los créditos para comprar autos, los préstamos a estudiantes, las deudas de las tarjetas de crédito, los cargos de los almacenes y tiendas, los cargos por sobregiro y muchos otros más; la lista es muy amplia. He aquí el problema: no hay una disminución de deudas en nuestra economía. El tamaño de nuestra esfera personal de deudas es el impedimento más importante para la generación de riqueza, mucho más importante que las tasas de ahorro, el desconocimiento y el temor de sufrir pérdidas. La industria de servicios financieros promueve que nos endeudemos más cada día al ofrecer nuevas tarjetas de crédito con límites más altos y tasas de interés "atractivas". Y lo hace por una razón muy simple: le resulta muy provechoso, en tanto que a nosotros nos daña. No caiga en ese error, el endeudamiento excesivo es la manera más eficaz de impedir la generación de riqueza individual.

Véalo de esta forma: lo más probable es que, a lo largo de nuestras vidas, las cosas no sean siempre estables o iguales; más bien, se presentan como espirales, en las que uno puede ascender (generar riqueza) o hundirse, en una caída que roba la energía de nuestra máquina de dinero, creando un círculo vicioso de pagos a los deudores. Y eso nos ciega ante las oportunidades que se nos presentan de usar nuestro dinero de manera más eficaz.

Las deudas afectan algo más que nuestra capacidad de hacer dinero. Afectan nuestra confianza y sentido de valía, destruyen nuestro optimismo y alimentan nuestros temores, pueden arruinar nuestras relaciones y nuestra salud. Pero ninguna deuda es irremediable. Estar endeudado no constituye una mancha oscura sobre nuestras almas, aunque muchos deudores se puedan sentir así. Librarse de las ataduras de los acreedores empieza con el hecho de reconocer su origen: ¿cómo fue que nos endeudamos?

La vida no ofrece garantías. Por más que las busquemos realizando inversiones "seguras" (las que no ofrecen rendimientos reales), no podemos librarnos de los perjuicios que la vida puede implicar. Las deudas, en ocasiones, nos llevan a sucesos inesperados y no deseados. La otra forma en que nos dañan surge del interior de nosotros mismos. Las desgracias nos atacan desde afuera, pero la resistencia a vivir de acuerdo con nuestras posibilidades viene de nuestro fuero interno. El anhelo por las cosas buenas de la vida nubla nuestra comprensión de que, si queremos conservarlas, primero debemos ganar el derecho a poseerlas.

Pero le tengo buenas noticias: no importa cuánto haya dejado crecer su esfera de deudas, puede reducirla. Puede pasar de la categoría de deudor a la de generador de riqueza. A lo largo del libro le diré cómo hacerlo.

Conclusiones

Como ya hemos visto, los latinos estamos retrasados por lo que hace a la generación de riqueza; las razones para ello se expusieron en esta sección. Pero no tiene caso lamentarse por lo irremediable; lo que debemos hacer ahora es empezar a prever el futuro y pensar en cómo podremos satisfacer nuestras necesidades y deseos conforme lo vivimos. No es una tarea demasiado difícil, pero tenemos que realizar dos cosas fundamentales:

1 Colocar una mayor cantidad de dinero en inversiones de valores, como las acciones bursátiles y las sociedades de inversión

2 Desarrollar un enfoque holístico hacia el manejo de todo nuestro dinero

Una vez logrado este último objetivo podremos analizar las medidas específicas que nos llevarán a una verdadera creación de riqueza. Más adelante le hablaré de ellas.

Capítulo 2

Ascensores financieros: el dinero sube y baja

Haga dinero mientras duerme

Al que tiempo agarra, tiempo le sobra.

La gente que sabe invertir habla de "hacer dinero mientras duerme". Esto significa, por supuesto, poner a trabajar el dinero disponible de tal manera que gane más. Todo mundo debería saber que los distintos tipos de cuentas de ahorro generan intereses, en tanto que algunas acciones bursátiles producen dividendos, una forma especial de intereses. El dinero rinde recompensas que podemos llamar interés generalizado, refiriéndonos con ello a cualquier inversión financiera que genere intereses. Es el caso, incluso, de las acciones que no pagan un dividendo: cuando, con el tiempo, suben de valor, adquieren una forma de valor generalizado. Pero pocos entendemos con claridad lo que esto significa realmente. El concepto de interés capitalizable es uno de esos términos cotidianos cuyo significado, al analizarlo con más profundidad, resulta sorprendente. De hecho, Albert Einstein lo catalogó como una de las más notables propiedades matemáticas del universo.

La primera cosa que necesitamos entender con precisión es que toda planificación financiera —sea para los tiempos malos, de necesidades u holística— se basa en ganar intereses generalizados. Todas las inversiones financieras producen alguna clase de rendimiento; de no ser así, no las retendríamos. Nuestra meta debe ser ganar tanto interés generalizado de la combinación total de nuestros instrumentos financieros como sea posible, sin arriesgar demasiado. Esto es algo que, pensándolo bien, parece más que obvio, pero muchas personas dividen su dinero en distintas inversiones basadas en sus diversas necesidades y no se percatan de que así no reciben tanto interés generalizado como podrían.

Otra cosa que debemos comprender a fondo es por qué ganamos este interés generalizado cuando realizamos inversiones financieras.

Todo tiene un precio

El costo de algo es aquello a lo que renuncias para obtenerlo.

Todo lo que se compra o vende tiene un precio exactamente equivalente a lo que se tiene que entregar a cambio. Todos los días hacemos intercambios. Cuando compramos algo, juzgamos que esta transacción —dar dinero por un producto— valga la pena; cuando vendemos, la operación es a la inversa: nos desprendemos de un producto para obtener dinero. El precio es la cantidad de dinero que establece un equilibrio exacto entre lo que obtenemos y lo que damos.

Y, ¿qué decir de los ahorros? ¿Se rigen por la misma ley económica? Sí. Uno renuncia al uso de su dinero por un tiempo y, en el futuro, recibe una cantidad mayor por haberlo prestado. O si pide un préstamo ahora, posteriormente tendrá que devolver más dinero. ¿Qué es lo que, en cada caso, equilibra lo que otorgamos y lo que recibimos? El precio, como ya se dijo. *El interés es el precio que se paga por rentar o usar el dinero.* Cuando alquilamos una propiedad nos pagan por ello; el mismo principio se aplica al dinero. Si no nos pagaran, preferiríamos usar la propiedad nosotros mismos, bien se trate de una construcción o de dinero. Claro está que el precio de la renta de algo difiere del de su compra en algo muy importante: se paga cada determinado tiempo que alguien usa alguna posesión nuestra o viceversa, a pesar de que el precio de compra se cubre una sola vez.

UN CONSEJO

Reserve para usted el uno por ciento. Si empieza a guardar este porcentaje de su renta y lo aumenta en otro uno por ciento cada mes, al final del año estará ahorrando un 12 por ciento.

Recibir un pago por el uso de nuestro dinero durante cada periodo nos brinda la más grandiosa oportunidad para financiar nuestro futuro. Cada vez que lo recibe, usted tiene dos opciones. Puede gastarlo o invertirlo, agregándolo a las inversiones que ya posee. Si lo reinvierte en lugar de gastarlo, su renta será más jugosa la siguiente ocasión, como resultado de las cantidades añadidas cada vez que ahorró o invirtió.

La mayoría de las personas no capta esta realidad maravillosa. Aparentemente es un beneficio mínimo, y así es hasta que empezamos a vislumbrar la realidad después de un tiempo considerable.

El interés como ascensor financiero

Vuelva por un momento a la idea de que el patrimonio que tiene es el equivalente financiero del piso en que se encuentra en un rascacielos: cuanto más dinero gana, más alto sube. Hagamos un repaso. En lo más alto, en el *penthouse*, está la independencia económica que le permitiría dejar de trabajar si quisiera. En el sótano, en cambio, no queda más que trabajar por un sueldo y por más bueno que éste sea, si no tiene dinero ahorrado seguirá viviendo en el fondo. ¿Cómo llega a lo alto de un rascacielos? En ascensores, por supuesto. Bueno, pues piense que el rascacielos de la riqueza también cuenta con ellos; son los que lo llevan a incrementar su patrimonio. ¿Sabe qué son? Los *intereses*.

Algunos de nosotros hemos estado en edificios viejos y más bien bajos, con ascensores desvencijados, que no son muy rápidos y parecen tardar una eternidad en llegar hasta arriba de la construcción, que de por sí no es muy alta. Otras personas, en cambio, han subido a rascacielos con elevadores de alta velocidad, de esos que viajan tan rápido que nos hacen sentir el estómago en los pies; en apenas unos momentos suben veinte pisos o más. Ahora, piense qué puede elegir entre estos dos tipos de ascensor; ¿en cuál preferiría subir? Para ayudarse a elegir, imagine que el viejo y destartalado es una cuenta de ahorros, y el de alta velocidad son las acciones bursátiles de alto rendimiento. Obviamente, elegirá la segunda opción, ya sea para subir a un edificio real o para ascender en el imaginario rascacielos de la prosperidad.

Para ambos casos, lo más importante son dos cosas: la primera es, por ende, la rapidez. Un elevador movido por un motor del 10 por ciento acrecentará su dinero más rápido que uno que funcione con un motor del 5 por ciento; cuanto más alta sea la tasa de interés, mayor será el patrimonio.

Pero la diferencia entre estos motores no es el hecho de que uno trabaja al doble de velocidad que el otro. Esto sería cierto sólo si uno subiera a un ascensor de *interés simple*, que no agrega los rendimientos de inversión al capital principal. Hablemos de lo que es un elevador de *interés capitalizable*.

El segundo aspecto relevante es la aceleración. Cuando subimos a un ascensor moderno, podemos sentir cómo aumenta su rapidez conforme sube. No sólo adquiere una cierta velocidad y la conserva, más bien es como un auto de carreras: si mantenemos pisado el acelerador irá cada vez más rápido. Pues bien, ¿en qué clase de elevador financiero le gustaría estar? ¿En uno sencillo que viaje siempre a la misma velocidad o en uno capitalizable que haga crecer su dinero más y más rápido cada vez?

Veamos un ejemplo sencillo: imagine que tiene $1,000 para invertir, pudiendo elegir entre un ascensor financiero sencillo del 5 por ciento y otro del 10 por ciento. Ambos suben a la misma velocidad año tras año. ¿En cuánto tiempo duplicaría su dinero? En el primero le tomaría 20 años y en el segundo sólo 10. Tratándose de los ascensores financieros simples, si usted duplica la velocidad de su motor de intereses, lo mismo hará con el ritmo de crecimiento de su dinero. Ése es el primer efecto.

Ahora suponga que puede invertir la misma cantidad en un ascensor simple del 5 por ciento o en uno capitalizable del mismo porcentaje. Ya conocemos el resultado del primer caso: el dinero se duplicará en 20 años. Recibiría $50 al finalizar cada año. Es como viajar por una autopista a una velocidad constante de 50 millas por hora. Sería un viaje agradable, pero le tomaría mucho tiempo llegar a su meta, es decir, la independencia económica. Por otra parte, ¿qué sucedería si pusiera los $1,000 en un ascensor capitalizable del mismo 5 por ciento? El primer año ganaría $50, igual que en el caso anterior; pero el segundo año ganaría el 5 por ciento de $1,050, o sea $52.50. En realidad, su interés anual se incrementaría con una tasa que crece a su vez cada año. ¡Su ascensor de capital tendría un pedal acelerador! Su dinero se duplicaría a $2,000 en 14 años y tres meses, en vez de en 20 años. Su dinero aumentaría anualmente a una tasa creciente: $50, $52.50, $55.13, $57.88, $60.78, $63.81, $67.01, $70.36, $73.87, $77.57, etc. Éste es el segundo efecto, el capitalizable.

Bueno, hemos aprendido que los elevadores financieros tienen velocidad y aceleración. Sumemos estas dos ventajas: el ascensor simple del 5 por ciento duplica el dinero en 20 años; el ascensor capitalizable del 10 por ciento lo hace en siete años y tres meses. El resultado final es que, si nos arriesgamos un poco más y subimos al elevador del 10 por ciento, y le agregamos el poder adicional de la capitalización de intereses, nuestro patrimonio se duplicará en casi un tercio del tiempo normal, lo cual es una verdadera maravilla.

Permítame ofrecerle otro ejemplo, de modo que entienda que el ascensor financiero capitalizable es una de las invenciones más fabulosas del mundo. Piense por un momento que tiene 25 años de edad y decide invertir los $1,000 que ha ahorrado en su vida en un bono pagadero a 30 años, con un interés capitalizable del 9 por ciento; ¿cuánto cree que valdrá su inversión cuando cumpla 55 años? Si lo invirtiera con interés simple, le devolverían sus $1,000 más $2,700 en intereses, es decir, $3,700. Pero al elegir un interés capitalizable, tendría $13,268 sin descontar los impuestos, o sea que ¡su ganancia se cuadruplicaría! Tenga en mente esta pequeña jugada milagrosa, porque más adelante nos dará algunas enseñanzas importantes.

La regla del 72

La primera cosa que hemos aprendido es que no podemos saber cuán rápido crecerá nuestro patrimonio si sólo nos atenemos a la tasa de interés generalizado. Por fortuna, existe una regla sencilla que nos es muy útil: para calcular con qué frecuencia se duplica el dinero, divida la tasa de interés entre 72. Por ejemplo: $72 \div 10 = 7.2$; esta cifra representa los años que toma duplicar el dinero con una tasa de interés capitalizable del 10 por ciento. ¡Bueno, Albert Einstein no dijo que el interés capitalizable era una maravilla sólo porque sí!

Por desgracia, el gobierno también entiende la regla del 72 y se lleva para sí algo de nuestras utilidades. Veamos la cuestión de los impuestos.

Los impuestos silenciosos y los no tan silenciosos

Ya hablamos de la idea del ascensor financiero capitalizable, la fabulosa invención que puede alejarlo de la pobreza y llevarlo a la independencia económica. La regla del 72 nos dice cuán rápido sería... en un mundo ideal donde no existieran los impuestos. Pero existen para todos, y eso es como frenar nuestro ascensor financiero e impedir su avance. Y lo hacen de dos maneras.

La primera es lo que podríamos llamar los impuestos no tan silenciosos. Todo mundo paga distintas clases de impuestos sobre sus ingresos, incluyendo los federales y estatales, además de los de Seguridad Social; y los intereses también son ingresos. Estos impuestos no son silenciosos, ya que todos podemos oír cómo nos quejamos al momento de llenar las formas de declaración y pagar. ¿Recuerda el bono al 9 por ciento del que hablamos en un ejemplo anterior? Después de pagar los impuestos, sólo nos quedaría una ganancia del 6 por ciento. El cobrador de impuestos nos hace correr más rápido para seguir al parejo, a menos que juguemos su juego. Y es que, para pagar los impuestos sobre intereses, la mayoría de las personas toma dinero que preferiría usar en otra cosa que no fuera dárselo al gobierno. Eso, por supuesto, significa que *nos queda menos dinero para ahorrar para el futuro.*

Se preguntará cuál es el impuesto silencioso. ¿Quiere saberlo? La inflación. Actualmente, la inflación en Estados Unidos puede ser muy pequeña, pero en el pasado despojó a algunos de nuestros familiares y amigos de una buena cantidad de dinero que pudieron haber utilizado en su vejez. Y nada garantiza que no hará lo mismo con nosotros en el futuro.

La inflación llega como un ladrón en la noche: no la vemos cuando nos roba, pero nos percatamos de la pérdida más adelante. Y aunque ninguna ley nos obliga a pagarle impuestos, con el tiempo el valor del dinero disminuye conforme el costo de la vida aumenta. ¿Cómo es que esto sucede? Volvamos a la idea del intercambio. Cuando ahorramos e invertimos el dinero, permitimos que otra persona lo use a cambio de pagarnos posteriormente con un sobreprecio por rentárselo: el interés. Sin embargo, al recuperar el dinero, recibimos menos de lo que inicialmente aportamos, pues la inflación hace que valga menos que cuando lo prestamos.

Así pues, la inflación es como un elevador que va hacia abajo en su torre de capital y se contrapone al movimiento ascendente del interés capitalizable. Si se recibe un 6 por ciento de rendimientos cuando la inflación presenta el mismo porcentaje, ambas tasas se equilibran con exactitud y se eliminan. Así, uno queda a mano... ¡excepto porque el cobrador de impuestos nos envía una cuenta por el 6 por ciento de los intereses recibidos! En un caso como éste, salimos perdiendo. A continuación le presento una regla muy simple para conocer el porcentaje real de crecimiento de su dinero: reste la tasa de inflación a la de sus intereses de inversión. No lo olvide: debe restar los ascensores que bajan (los impuestos) de los que suben (los intereses).

La gran cosa y la cosita

Algunas cosas en la vida parecen muy grandes, ya que nos afectan sobremanera; otras, en cambio, las consideramos pequeñas. ¿Qué tienen ambas que ver con su planificación financiera personal? Sólo es cuestión de *tiempo*. Si su periodo de inversión —su horizonte de planificación financiera— es corto (de uno a tres años, digamos), entonces la tasa de interés que reciba no importa mucho; pero si es largo, la tasa se convertirá en una gran cosa. Como ya vimos, la diferencia entre un 9 por ciento y un 6 por ciento en 30 años viene a ser unos $7,500 por cada $1,000 que haya invertido. ¡Ésa es una gran cosa!

Y una gran cosa es mucho más importante para nosotros los latinos que para el resto de los estadunidenses.

Cuanto más jóvenes seamos, más amplios serán nuestros horizontes

Siempre que hagamos planes financieros, una de las cosas principales que debemos tener en mente es la amplitud de los horizontes: ¿hasta dónde debemos prever y proyectar? ¿Para qué necesitaremos o querremos dinero en cinco años, en diez, en veinte, o más? El pueblo latino es de los más jóvenes en Estados Unidos. Nuestro promedio de edad es de menos de 30 años; de hecho, la Oficina de Censos reporta que un 58 por ciento de nuestra gente pertenece a esa categoría. En contraste, sólo el 42 por ciento del resto de los estadunidenses cumple esa condición. Esto significa que un latino promedio debería tener un horizonte de planificación de 50 años. Desafortunadamente, la mayoría de nuestros jóvenes hace planes para periodos mucho más cortos, si es que los hacen. Todos moriremos algún día, desde luego, pero cuanto más jóvenes, más a largo plazo podemos planificar.

UN CONSEJO

Para cuando cumpla 50 años, deberá haber ahorrado el equivalente a dos veces sus utilidades anuales.

Por desgracia, las estadísticas también muestran que los latinos tenemos altas tasas de natalidad, un gran número de hijos y un promedio de educación más bajo que el promedio. Estos datos sirven para desacreditarnos. Hagamos lo contrario: *¡nuestra juventud tiene mucho tiempo para volverse rica!* El *tiempo* está de nuestro lado. Todo lo que necesitamos es despertar. *¡Sí se puede!*

El más grande obstáculo

Iniciamos esta sección reflexionando acerca de cómo obtenemos nuestras utilidades, gracias al milagro del ascensor del interés capitalizable. Ese ascensor realmente puede elevarnos en la vida; puesto que siempre nos llevan hacia arriba, podemos tener todas las cosas buenas que deseamos. Pero hay un gran obstáculo para esto, peor aun que el cobrador de impuestos, y es la esfera financiera que todos odiamos: las deudas.

Las deudas son el más grande y poderoso ascensor económico del mundo, pero en picada. El milagro de la capitalización que incrementa nuestro patrimonio a una tasa creciente funciona a la inversa cuando el ascensor baja.

Entonces nuestros débitos aumentan más y más cada periodo. Es como estar a bordo de un avión que cae a tierra de manera cada vez más acelerada hasta que se estrella abruptamente en la bancarrota.

¿Entiende ahora de manera más vívida y gráfica por qué se debe tener la esfera de las deudas bajo control a toda costa? De lo contrario, nos estrellaríamos.

Conclusiones

El interés capitalizable acelera la creación de riqueza porque da *intereses sobre intereses.*

La regla del 72 nos dice con qué frecuencia se duplica su dinero, y determina cuán convenientes son los distintos tipos de tasas de interés.

Los impuestos y la inflación son los más grandes erosionadores de su patrimonio, que acechan sin que nos demos cuenta.

Cuanto más joven sea, dispondrá de más tiempo para usar el ascensor del interés capitalizable. ¡Eche a andar su plan de generación de riqueza para el futuro *ahora!*

Parte dos

LOS SIETE BLOQUES
DE CONSTRUCCIÓN:
CREACIÓN DEL PATRIMONIO
FAMILIAR LATINO

Más vale que sobre y no que falte.

El rascacielos simboliza la nueva riqueza de los hispanos en Estados Unidos. Pero hasta los grandes edificios se construyen de bloque en bloque. Así hicieron su riqueza los latinos prósperos: paso a paso. Un bloque se añade a otro hasta que por fin alcanzamos la independencia económica.

Para construir su propia torre de la prosperidad necesitará la disciplina de colocar los bloques de construcción fundamentales, similares a los usados como base de un gran edificio. Sólo se necesitan siete para hacer una base firme de un patrimonio familiar:

- Su inventario personal
- Incremento de su flujo de efectivo
- Reducción de deudas
- Máxima protección
- Aumentos de rendimientos
- Mayor crecimiento
- Remuneraciones

En los siete capítulos siguientes se abordan, uno a uno, estos bloques básicos. Una vez que los haya leído, sabrá exactamente qué hacer para cambiar su futuro económico.

Capítulo 3

HAGA SU INVENTARIO PERSONAL
Y SEPA QUÉ ES LO QUE TIENE

Para comenzar:
el primer bloque de construcción

Páginas atrás le pedí que se preguntara por qué el dinero es importante para usted. Espero que haya identificado algunas de las cosas para las cuales quiere dinero en su vida. Muy bien, pero, ¿y ahora qué? Para tener posibilidades de éxito, toda gran empresa en nuestras vidas debe implicar la realización de un inventario:

- ¿Dónde me encuentro?

- ¿Con qué cuento para comenzar?

- ¿Con qué plan de acción podré realizar mis metas?

Nadie empieza este proceso de planificación financiera de sus deseos para el futuro con una situación económica impecable. La mayoría comienza con deudas; muchas veces más de las que quisiéramos. También iniciamos con cierto número de valores, muchos de los cuales ni siquiera sabíamos que teníamos, como los conocimientos, las habilidades y, el más importante de todos, la determinación. Así pues, tome lápiz y papel para hacer su inventario. Éste será un verdadero ejercicio que puede hacer paso por paso conforme vaya leyendo el capítulo.

UN CONSEJO

Tenga un cuaderno de apuntes financieros en el que haga anotaciones útiles que se le ocurran. Igual que un buen bolígrafo o un paraguas, las buenas ideas suelen perderse, por lo que es mejor ponerlas por escrito.

Paso uno: ¿Dónde estoy?
Información y metas personales y familiares

Es notorio que, dependiendo de su situación individual, las motivaciones de la gente difieren. La más importante es aquella que enfrentamos diariamente.

¿Es usted soltero, casado, casado y con hijos, o algo más?

Antes, las personas solteras sólo tenían que preocuparse por sus propias necesidades y metas, mientras que las casadas debían tener en mente a sus cónyuges e hijos al trazar sus planes. Ahora, las cosas han cambiado mucho. Las personas solteras no necesariamente tienen que vivir solas o tener veinte años; algunas tienen hijos sin estar casadas, otras tienen a su cuidado a sus padres u otros parientes. La gran variedad que implican las relaciones humanas hace que la gente tenga hoy un abanico de opciones e imperativos al formular sus planes financieros.

- ¿En quién piensa al hacer este plan?
- ¿Quién depende de usted actualmente?
- ¿Quién lo hará en el futuro?

Algunas cosas importantes para su inventario

- Si es casado, ¿es ésta su primera o segunda vez?
- Si tiene hijos, ¿cuántos son y de qué edades?
- ¿Aún viven sus padres?
- Si viven, ¿qué edades tienen y cuál es su estado de salud?
- ¿Es usted tutor de algún otro niño o anciano?

En cierto sentido, estas preguntas son muy obvias; entonces, ¿por qué mencionarlas? No porque usted las desconozca, sino porque con frecuencia es muy difícil enfrentarse a las respuestas. Detrás de estas preguntas puede haber un mar de dolor y ansiedad. Pero si queremos conocer nuestras necesidades y deseos económicos, debemos hacer este inventario. Puede empezar ahora mismo; tome su lápiz y papel y anote sus respuestas para cada pregunta.

¿Sabía que...?

Indexmedico (www.indexmedico.com) es un sitio gratuito y bilingüe en el que médicos, profesionales de la medicina y el público en general pueden hallar información y tecnología relacionadas, además de enlazarse con hospitales e instituciones sanitarias. También ofrece pequeños resúmenes en español acerca de revistas e investigaciones médicas. Los pacientes pueden dirigir sus dudas a alguno de los médicos en servicio y recibir una respuesta en cinco a diez días.

Paso dos: ¿Dónde vivo? ¿Dónde quiero vivir? Planes y condiciones de vivienda

Los latinos nos hemos convertido en el grupo de compradores de vivienda de más rápido crecimiento en el país, con una mayoría predominante de compradores de primera vez.

¿Es usted dueño de su vivienda o la renta?

Si la renta, ¿preferiría comprarla?; si es así, ¿cuándo?

- ¿Qué planes específicos ha hecho para comprar una casa?

- ¿Qué sabe del procedimiento de compra (los requisitos para la hipoteca, la asesoría de un corredor de bienes raíces, los seguros que necesita)?

- ¿Cuánto dinero ha ahorrado para el enganche?

- ¿Tiene buenas referencias de crédito?

Si es dueño de su vivienda, ¿cómo se siente al respecto?

- ¿Planea quedarse por un tiempo donde vive o piensa mudarse a una casa más grande y bonita?
- Si es así, ¿cuándo lo haría?
- ¿Qué recursos adicionales necesitará para mudarse?
- ¿Qué clase de hipoteca tiene ahora y por qué la eligió?
- ¿Qué clase de hipoteca elegiría para comprar su nueva casa?

Anote sus respuestas a cada pregunta conforme las lea.

Paso tres: ¿Cuál es mi trabajo actual? ¿Cuál será en el futuro? Información y metas ocupacionales

El motor principal que impulsa nuestro proceso de generación de un capital es nuestra habilidad para ganar dinero con el trabajo que desempeñamos. Eso es obvio. Lo que no lo es tanto es la manera en que nuestra capacidad para ganar más dinero a lo largo de nuestra vida productiva puede incrementar notablemente la cantidad de riqueza que generamos. ¿Cómo es esto? El ingreso remanente, luego de cubrir nuestras necesidades básicas, puede subirse al ascensor de los intereses del que hablamos en el capítulo 2. De tal forma que incluso $1,000 adicionales devengados y ahorrados anualmente a lo largo de toda una vida de trabajo, pueden, fácilmente, convertirse en más de $100,000. Pueden, por ejemplo, servir para pagar la universidad de sus hijos o para que usted y su cónyuge disfruten de una buena vida después del retiro.

Algunos de nosotros tenemos empleos que nos brindan todo lo que se puede desear: un trabajo interesante, un buen salario y prestaciones, la opción de hacer una carrera provechosa y buenas oportunidades de desarrollo profesional.

Desafortunadamente, no es así para la mayoría de los latinos, quienes por lo general trabajamos sólo para generar un ingreso y tenemos pocas posibilidades de avanzar y crecer profesionalmente. Otros ni siquiera ganan suficiente dinero o están en riesgo de perder su empleo debido a que no tienen la capacitación o experiencia adecuadas. Más adelante nos ocuparemos de las habilidades para el trabajo y las fallas para reconocer las oportunidades de carrera que experimentamos. Por ahora, debemos reflexionar en lo siguiente:

- ¿Cómo me siento en mi trabajo?
- ¿Seguiré en mi empleo actual en un futuro próximo?
- ¿Es probable que mi salario aumente en los próximos cinco años? ¿Y en los próximos diez?
- ¿Qué beneficios recibo o pago por ellos en el trabajo?

Recuerde que debe escribir sus respuestas a estas preguntas. Si hasta ahora no lo ha hecho, éste es el momento de empezar, así que tome lápiz y papel. Créame, se alegrará de haberlo hecho.

Paso cuatro: Mi estado de cuenta personal

La compañía para la que trabaja elabora estados de cuenta para determinar el valor de sus posesiones y sus deudas. Usted puede hacer lo mismo para examinar y comprender su situación económica. El estado de cuenta personal o la relación de valor neto será el registro de todo lo que ha producido a lo largo de su vida. Recibe este nombre, por supuesto, porque le permite saber cuál es su situación financiera después de restar sus obligaciones y deudas. Deberá hacer primero un recuento de todos sus activos, todo lo de valor que posee, asignándoles un valor monetario. Luego haga una lista de sus deudas. La diferencia resultante es el valor neto.

En la sección de apéndices de este libro encontrará un modelo de estado de cuenta, úselo y haga su propia relación. De seguro querrá saber cómo funcionan sus valores netos. Por ejemplo, cuántos de ellos se consideran líquidos, es decir, fácilmente disponibles para su uso como dinero. Obviamente, los bienes raíces no son muy líquidos, pero la inversión en una sociedad de inversión sí lo es, y mucho. También querrá saber si el resto de sus valores está produciéndole más utilidades. Hágase las siguientes preguntas y no olvide anotar sus respuestas:

- ¿Qué es lo que me gusta de mis cuentas bancarias? ¿De mis inversiones en fondos mutualistas? ¿De los bonos gubernamentales o municipales?

- ¿Qué es lo que no me gusta de todas esas inversiones?

- ¿Son importantes para mí las garantías que ofrecen? ¿Por qué?

- ¿Cómo fue que escogí la hipoteca de mi casa?

- ¿Actualmente estoy pagando por anticipado algo de esa hipoteca?

- ¿Cuánto debo a mi tarjeta de crédito y qué otro tipo de deudas sin garantía tengo?

- ¿Cómo fue que contraje estas deudas?
- ¿Qué tasa de interés estoy pagando?

Su estado de cuenta personal y las respuestas que dé a estas preguntas de seguimiento no sólo le darán una idea más precisa de su situación económica actual; también le ayudarán a entender mejor cómo llegó a ella y cómo se siente con respecto a sus valores financieros actuales. Tal vez descubra entre estas preguntas algunas que nunca antes se ha hecho acerca de sus decisiones financieras. Finalmente, tendrá un conocimiento más profundo y una visión más clara de lo que ha hecho hasta ahora, lo cual le servirá para diseñar un plan de generación de riqueza más eficaz.

Paso cinco: Formulación de un plan de gastos y una relación de ingresos personales

Las empresas usan las relaciones de ingresos para conocer en detalle sus fuentes de ganancias o réditos, así como sus costos de operación. Piense por un momento que usted mismo es una empresa: ¿van bien sus negocios? ¿Sus ingresos exceden sus gastos, de modo que le queden utilidades? ¿O está sufriendo pérdidas? Al menos ¿está consciente de ello? Con estas preguntas podrá hacer su relación de ingresos.

Para la mayoría de nosotros, lo más parecido a una relación de ingresos es el estado de cuenta bancaria mensual. Hacer el balance de la chequera nos da una buena idea del dinero que guardamos en un mes y el que gastamos. Para muchos latinos, desafortunadamente, eso no funciona porque desconfían de las instituciones financieras. Por extraño que le parezca a la mayoría de los estadunidenses, los latinos procuramos evitar incluso una cuenta de cheques... hasta que los giros postales dejan de sernos útiles.

Es más que evidente que necesitamos empezar a poner atención a lo que el estado de cuenta bancaria nos dice cada mes.

Este documento tiene una ventaja: lleva un registro preciso de nuestros depósitos y gastos con cheques. Pero, aun así, deja un gran hueco en cualquier análisis financiero personal. Veamos de qué se trata.

Para la mayoría, el gran hueco no tiene nada que ver con el manejo de sus ingresos. Casi todos los que recibimos cheques como pago por nuestro trabajo, los depositamos (o nos los depositan automáticamente) en el banco. Los que tienen un segundo empleo, otros negocios o reciben rentas, también depositan esos ingresos, de modo que también se registran en sus estados de cuenta bancaria. El problema —el gran hueco— se presenta en los gastos y el mayor responsable es el cajero automático (ATM). Y es que son muy cómodos, y su consiguiente facilidad de acceso al dinero es como quitarle el candado a nuestras cuentas. Estas máquinas nos dan la libertad casi ilimitada de vaciar cualquier cantidad depositada, y *no nos dejan ningún registro de lo que hicimos con el dinero.* Entonces, quedamos totalmente confundidos, preguntándonos en qué lo ocupamos; y por lo general, esto sucede pocos días o una semana antes de la siguiente quincena.

UN CONSEJO

Las bodas, bautizos, cumpleaños, aniversarios, la Navidad y otras fechas especiales puden orillarnos a gastar de más. Ajústese a un presupuesto y no permita que las emociones controlen sus gastos.

Un plan de gastos no es un presupuesto

Sólo conozco una solución a este problema que amenaza con dañar nuestras finanzas: un plan de gastos. No, no hablo de un *presupuesto*. No se asuste. Y es que los presupuestos, después de todo, son algo atemorizante, pues nos recuerdan nuestras limitaciones humanas y reducen nuestra cuota de satisfacción; nos roban la libertad. Nos los imponemos como una disciplina futura y luego descubrimos que no podemos mantenerla. Se parecen a los propósitos de año nuevo: se desvanecen rápidamente con la fría luz de la realidad. Con regularidad nos dejan más desanimados que en el momento en que nos pusimos a elaborarlos. Y es que presentan un inconveniente irreductible: no ofrecen recompensas a cambio de nuestro cambio de comportamiento.

¿Cuál es entonces la diferencia entre un presupuesto y, lo que yo le propongo, un plan de gastos? Que este plan es una sencilla, pero poderosa, herramienta de generación de riqueza. Comencemos por enlistar algunas de las cosas que puede hacer por cada uno de nosotros:

- Recupera el dinero que parece escaparse de nuestras manos cada día. ¡Un plan de gastos genera efectivo!
- Nos da control sobre lo que gastamos y la manera en que lo hacemos.
- Nos permite estructurarnos y disciplinarnos día por día, incluso hora por hora.
- Nos da control sobre las poderosas emociones que guían nuestros hábitos de gasto.
- Nos obliga a responder la pregunta más importante de nuestra vida económica.

¿Quiere saber cuál es esa pregunta? Aquí la tiene:

¿De veras necesito o deseo esto?

Pero no termina todo ahí. Si responde afirmativamente, entonces deberá preguntarse: ¿puedo esperar para tenerlo?

Casi todos hemos oído el término "comprador compulsivo", pero por lo general no nos damos cuenta de cómo podría aplicarse a nosotros mismos. "¿Puedo esperar para tenerlo?" puede volverse la pregunta más importante en su vida económica cotidiana. Si logra convertirla en un hábito, descubrirá que ha iniciado una nueva empresa: la de generar un excedente monetario para sí mismo casi todos los días de su vida. Notará que esa simple pregunta fortalecerá su motivación para manejar su dinero de manera acertada. Después de todo, la mayoría de las personas se mete en dificultades económicas por permitir que un deseo momentáneo prevalezca sobre su intelecto. Así pues, la interrogante citada puede convertirse en su salvación. Echemos un vistazo a sus implicaciones.

Las diez razones para hacer un plan de gastos

1 Para saber en qué gasta su dinero

2 Para salir de sus deudas

3 Para vivir según sus posibilidades

4 Para enfrentar una emergencia personal o un cambio en su vida (un divorcio, la pérdida del empleo o alguna discapacidad)

5 Para saber *realmente* cuánto puede ahorrar *ahora*

6 Para poder comprar lo que quiera

7 Para enseñar a sus hijos una importante lección respecto al dinero

8 Para tomar el control sobre su situación económica

9 Para establecer sus prioridades más importantes

10 Para realizar su plan de generación de riqueza

Volvamos a la cuestión de la relación *exacta* de los ingresos personales. La razón por la cual la mayoría enfrenta tantas dificultades para hacer ese informe es muy simple: ¡no sabemos en qué gastamos el dinero! El estado de cuenta bancaria no nos lo dice todo, sólo nos informa cuántos cheques ubicuos hicimos efectivo y cuántas veces caímos en la tentación de visitar el cajero automático. Déjeme enseñarle, ahora mismo, cómo arreglar este problema de una manera que pueda ser permanente, no una simple venda temporal para una chequera sangrante. Empezar el procedimiento de implantar un plan de gastos puede acabar con los números rojos desde su origen, pues con él es *usted* quien establece sus propios objetivos, prioridades y necesidades. El plan hace que todo ello suceda de forma automática.

Comencemos con un pequeño juego llamado "*¿A dónde se fue mi dinero el mes pasado?*" Use su estado de cuenta como guía para salir del laberinto. Anote toda la información que la chequera le proporcione sobre en qué gastó su dinero específicamente. Sume todos sus gastos para obtener el monto total y reste luego esa cantidad a su total de ingresos. ¿Cuál será el resultado? Quizá las dos cantidades totales no serán iguales. Tal vez su gasto total sea mucho mayor que los gastos específicos que puede recordar. ¿Por qué? Por los cargos del cajero automático y los cheques que se hicieron efectivo. ¿A dónde se fue todo ese dinero? ¿Podría decir cuánto usó para comprar ropa, gasolina, comida rápida, una cena formal, la lavandería, el revelado de fotos, comprar periódicos y revistas, tal vez cigarrillos y cerveza u otras bebidas alcohólicas? ¡Si lo logra, es que lo hace mejor de lo que yo jamás he podido!

Primera tarea:
registre sus gastos diarios

El plan de gastos es una herramienta que le ayudará a saber en qué ocupó su dinero. Primero que nada le dirá en qué y en dónde lo gastó. Para empezar, tome una libreta de notas y llévela con usted todos los días. Úsela para anotar todas las compras que haga día con día. Y me refiero a todos sus gastos, incluyendo los 75 centavos del café, los 50 centavos del periódico y los 85 del caramelo; agregue además los $5 del taxi, los $10 del lápiz labial y los $8.25 del almuerzo. *Ninguna cantidad es trivial*, porque todas se van sumando.

El siguiente ejemplo aclarará lo que quiero decirle: todos los días, camino al trabajo, Alfredo compra un café de 75 centavos, una dona de 25 y un periódico de 50. Puede pensarse que no es gran cosa, suman apenas $1.50, pero veamos lo que Alfredo ha gastado en un año: $1.50 x 5 días a la semana x 50 semanas = $375. Y si además resulta que fuma, hay que agregar unos $2.50 diarios por un paquete de cigarrillos. Entonces su gasto anualizado sería de $4.00 x 5 días a la semana x 50 semanas = $1,000. Por otra parte, Alfredo siempre compra un almuerzo para llevar que le cuesta $7.00, por lo que el gasto es de $11 x 5 días a la semana x 50 semanas = $2,750.

Según este sencillo ejemplo, Alfredo gasta $2,750 al año *sin darse cuenta*. Y siendo realistas, este patrón de gastos no es para nada exagerado, hay muchos Alfredos en este mundo. Por favor, dese cuenta de que no estoy juzgando lo que nuestro personaje compró, es muy probable que esas compras cotidianas lo satisfagan enormemente. Lo que sí juzgo es la manera tan poco consciente en que las hace. Todos hacemos continuamente intercambios económicos en nuestras vidas, y al hacerlo nos preguntamos cosas como ésta: ¿preferiría pagar unas vacaciones, aumentar mis ahorros o hacer algunas reparaciones a mi casa con una parte de los $2,750 que gasto ahora en pequeñeces cotidianas? En el caso de Alfredo, la cuestión fundamental es que él se ha negado esta opción económica básica por no tener un plan de gastos.

Ejemplo de un registro de gastos diarios

Producto	Precio
Periódico	$0.50
Café	0.75
Taxi	5.00
Almuerzo	8.00
Revistas	3.50
Golosinas	1.25
Abarrotes	21.75
Vino	9.75
	$50.50

Todo lo que necesita para recuperar la libertad personal de elección es una libreta de bolsillo y la disciplina para registrar cada una de sus compras diarias. Cuando haya adquirido este hábito, no volverá a preguntarse jamás qué hizo con los $100 que sacó del cajero automático el día anterior.

Segunda tarea:
haga un resumen de gastos semanales

El segundo paso es hacer un registro semanal por categorías de sus gastos diarios y cheques expedidos. He aquí una muestra:

Registro semanal

Junio 1-7	Costo
Hipoteca/impuestos	$1,455.00
Abarrotes	124.46
Ropa	62.40
Diversiones	21.50
Lavandería	14.50
Teléfono	87.90
Transporte	26.50
Alimentos	96.40
Periódicos y revistas	8.95
Servicios	196.00
	$2,093.75

Observe que, en su registrc semanal, probablemente combinará algunos gastos diarios en categorías más amplias. Por ejemplo, puede juntar el café de la mañana con el almuerzo para llevar y ponerlos bajo el rubro "Alimentos"; los periódicos y las revistas también pueden ir juntos. No tendrá problemas, ya que siempre podrá recurrir a sus registros diarios si no recuerda cómo formó alguna categoría.

¡Organícese!

Sus finanzas serán un caos a menos que esté consciente de cuáles son sus posesiones, dónde las tiene y cuánto valen. Para ello, compre un archivero. Compre también una caja para archivos a prueba de fuego o rente una caja de seguridad bancaria y guarde en ella los siguientes documentos:

¡Organícese!

(*continuación*)

- Las actas de nacimiento, matrimonio y defunción, así como los registros familiares
- Los certificados de divorcio o separación
- Los certificados de adopción o custodia
- Las escrituras de bienes raíces, automóviles, botes, etc.
- Las hipotecas y traspasos
- Los números de los títulos accionarios, de las cuentas bancarias, de las inversiones y de las tarjetas de crédito
- Las pólizas de seguros
- Los acuerdos y contratos legales
- La cartilla liberada del servicio militar
- Copias de las tarjetas de crédito
- El registro del automóvil
- Copias de sus declaraciones de impuestos
- Copias de los pasaportes, las cédulas del Seguro Social y las identificaciones oficiales
- Fotografías y una relación de sus propiedades de valor. Mejor aún si tiene un video
- Todas las facturas y notas de remisión de los arreglos que ha hecho a su casa. Si decide venderla, agregue esos gastos al costo base (es decir, el precio sobre el cual se determinan las utilidades o pérdidas sobre el valor de su casa). Con el tiempo, estos recibos pueden significarle un gran ahorro en impuestos

En la caja de seguridad bancaria no debe depositar lo siguiente:

- Su testamento. Guárdelo con su abogado y en la caja de seguridad conserve sólo copias. Hay una razón para ello: en caso de muerte, la Oficina Federal de Impuestos (IRA, Internal Revenue Service) no permitirá bajo ninguna circunstancia que se examine el contenido antes de que ella lo haga. Esto podría evitar que sus familiares la revisen para saber si usted dejó testamento.
- Dinero u otros valores sobre los que no haya pagado impuestos. Esto es ilegal y a su muerte, sus herederos podrían tener que pagarlos.

Tercera tarea:
haga un registro de gastos mensual

El tercer paso es transferir sus datos semanales a un registro mensual. En esta nueva relación tendrá anotado cada dólar y cada centavo que gastó en ese mes, ya sea mediante cheques o en efectivo. He aquí un ejemplo:

Registro de gastos de junio

	Semana 1	Semana 2	Semana 3	Semana 4	Total
Hipoteca	$1,455.00	–	–	–	$1,455.00
Abarrotes	124.46	$138.50	$116.40	$162.55	541.91
Ropa	62.50	–	38.50	16.45	117.45
Diversiones	21.50	16.00	9.45	31.50	78.45
Lavandería	14.50	7.50	9.50	–	31.50
Teléfono	87.90	–	–	–	87.90
Transporte	26.25	26.25	26.25	26.25	105.00
Alimentos	96.40	18.50	26.25	46.50	187.65
Periódicos y revistas	8.95	7.50	7.50	7.50	31.45
Servicios	196.50	–	–	–	196.50
Totales	$2,093.96	$214.25	$233.85	$290.75	$2,832.81

Detengámonos un momento para revisar lo que hasta ahora hemos hecho. Se pregunta¹ ´ por qué. Bueno, porque tal vez esté empezando a sospechar que esto se parece demasiado a un presupuesto, pero no lo es. Recuerde que un presupuesto es una promesa para el futuro que se hace a sí mismo, en el que establece cómo piensa gastar su dinero. Como esa promesa muy rara vez refleja nuestros hábitos financieros actuales, casi siempre se rompe. Un registro de gastos, en cambio, nos dice cuáles son esos hábitos. Y, a diferencia de la mayoría de los presupuestos, se basa en la realidad económica y sirve como base para hacer tanto una relación actual de ingresos exacta como un plan de gastos revisado.

Si le asusta pensar en hacer cálculos numéricos como los del ejemplo anterior o no desea perder tiempo sumando cantidades y tiene una computadora, puede hacer su registro ahí. Tal vez quiera usarla también para organizar sus finanzas personales. Por menos de $100 puede comprar un paquete llamado Quicken o alguno similar. Una vez que haya decidido invertir el tiempo necesario para vaciar sus cuentas en la computadora, descubrirá que el ahorro de tiempo y errores es enorme. Pero déjeme advertirle algo: ninguna computadora en el mundo puede realizar la parte más importante de esta labor, es decir, el registro diario de sus gastos.

Cuarta tarea: haga su relación de ingresos personal

¡Felicidades! Al llegar a este punto habrá completado una de las partes más difíciles de la planificación de gastos, o sea, determinar de manera precisa en qué ocupa actualmente todo su dinero. Ahora será más fácil convertir su registro de gastos mensual en una *relación de ingresos* mensual. Todo lo que tiene que hacer es restar todos sus gastos del mes del total de sus ingresos en ese mismo lapso. Con suerte, le quedará algún remanente, una "utilidad" personal mensual que puede serle útil para afrontar algún acontecimiento inesperado o un desembolso considerable como los impuestos prediales, que sólo se pagan anual, semestral o trimestralmente. Al ir anotando sus gastos mes a mes, por fin podrá tener un buen registro *anual*, lo que le permitirá también hacer una relación de ingresos anual.

Sólo resta saber por cuánto tiempo deberá seguir anotando sus gastos diarios. No tiene por qué esclavizarse a una labor tan aburrida, pero debe seguir haciéndola hasta que logre identificar el patrón inconsciente de su manera de gastar, que hasta el momento ignora.

Quinta tarea: haga su plan de gastos personal

Con el registro de gastos que logró formular gracias al proceso anterior, ha conseguido la libertad para gastar. Como ya sabe en qué ocupa cada dólar, puede empezar a decidir realmente en qué le gustaría gastar su dinero en el futuro: puede determinar qué intercambios le gustaría realizar. No olvide que se sometió a este ejercicio para descubrir el dinero que tenía disponible sin saberlo. Ahora podrá usarlo para cubrir cualquiera de las diez razones para formular un plan de gastos que vimos páginas atrás. Puede, por ejemplo, servirse de los datos que ahora tiene para ayudarse a saldar sus deudas, o al menos reducirlas considerablemente. Tomar el control sobre su esfera de deudas le permitirá empezar a generar ahorros reales para usted y su familia. Recuerde que ésa es la clave para echar a andar su plan personal de creación de riqueza, guiado por su recién creada, o expandida, esfera del crecimiento.

Así pues, analice los resultados de registrar y sumar sus gastos semanal y mensualmente, y comience a realizar los intercambios que le servirán para alcanzar las metas económicas de su vida. Luego haga un nuevo plan de gastos que registre esos cambios que le permitirán empezar a vivir. Cuando lo ponga a funcionar, tal vez descubra que le será muy útil seguir registrando sus gastos diarios, en especial hasta no haberse formado nuevos hábitos de consumo. Y siga haciéndose estas dos importantes preguntas:

¿De verdad necesito o deseo esto?

¿Puedo esperar para tenerlo?

Conclusiones

Este capítulo le presentó el reto de hacer un inventario personal a fondo. Espero que ahora esté al tanto de:

- sus circunstancias y objetivos personales y familiares
- su situación y planes de vivienda
- su información y metas ocupacionales
- su balance personal y su relación de valor neto
- su relación de ingresos y su plan de gastos personales

Cuando haga una revisión de la ardua labor que ha logrado realizar, empezará a reconocer las prioridades de su vida, así como las áreas problemáticas en su economía. Una vez que sepa en qué se le va el dinero y cuánto le queda después de cubrir sus pagos, puede comenzar a pensar qué hacer para lograr sus metas personales, familiares y de vivienda. Así, por ejemplo, el análisis de su situación ocupacional puede llevarlo a considerar nuevas opciones, como dar un nuevo impulso a su carrera, cambiar de empleo o, incluso, regresar a la escuela para obtener un grado mayor de estudios. O quizá su balance personal lo haga sentirse inconforme por su falta de valor neto, situación que puede motivarlo a realizar cambios relevantes para incrementarlo en el futuro. *¡Sí se puede!*

La importancia de este inventario personal radica en la nitidez con que le muestra su situación económica, sus deseos para el futuro, y si está haciendo o no lo correcto para realizar sus objetivos prioritarios. Si no tiene una perfecta comprensión de su situación actual, su compromiso con el proceso de generación de riqueza es francamente dudoso. Su inventario también puede servirle a usted y su familia como un marco de referencia contra el cual comparar sus futuros resultados, conforme transcurran sus actividades de generación de riqueza. A medida que cumpla algún objetivo personal y avance hacia otros logros, como el incremento de su valor neto, el aumento de sus ingresos y la reducción de gastos, éstos se reflejarán en su inventario. Al mismo tiempo, mantendrá el control sobre su dinero, permaneciendo al tanto de cómo lo obtiene y en qué lo ocupa, y de cómo sus actividades de generación de riqueza están contribuyendo al logro de sus metas. *¡Sí se puede!*

En los próximos dos capítulos continuaremos con el trabajo básico que ya inició, colocando ahora otros dos bloques de construcción fundamentales: el incremento de su flujo de efectivo y la reducción de sus deudas.

Pero, antes de seguir adelante, asegúrese de haber realizado los ejercicios de este capítulo.

Capítulo 4

INCREMENTE SU FLUJO DE EFECTIVO

El dinero mueve al mundo

En el querer está el poder.

En el capítulo anterior hablamos de la idea de examinar su situación económica como si fuera una empresa dirigida por usted mismo. Llamémoslo *Yo*, S.A. y sigamos con el juego por un momento. *Yo*, S.A. no es como la IBM; más bien, es como un pequeño negocio familiar. Y, ¿qué es lo más importante que un negocio así necesita? Un flujo de efectivo conveniente. Los pequeños empresarios saben que deben tenerlo casi todo el tiempo, pues de ello depende su supervivencia. Sus entradas de dinero deben ser mayores que sus salidas. Vender sus productos o servicios no les sirve de nada si ello no les reporta un flujo constante de dinero, es decir, más entradas que salidas.

Así, el manejo del flujo de efectivo se convierte en algo de suma importancia para los dueños de las pequeñas empresas. Sin una adecuada entrada de dinero, las cuentas y salarios no pueden pagarse, y los artículos no pueden producirse o comprarse. Y empieza el caos.

Tristemente, la mayoría de los empresarios Yo, S.A, incluyendo a aquellos que realmente poseen pequeños negocios, no controlan bien su flujo de efectivo. Muchos caen en la trampa de pensar que, de alguna manera, las leyes empresariales no se aplican a su situación económica personal. No deberían olvidar que dirigen una pequeña compañía, Yo, S.A., y que a menos que la traten bien, puede volverse en su contra y morderlos como un perro herido. Todos contamos con un flujo de efectivo personal. En el capítulo anterior aprendimos el primer paso para manejarlo: hacer su propio plan de gastos y su relación de ingresos personal. El primero de ellos nos dice a dónde se va nuestro dinero. Si queremos tener un poco para obtener algo que deseamos, para disminuir alguna deuda o para ahorrarlo, lo primero que podemos hacer es intercambiarlo por algún gasto cotidiano irrelevante, con lo cual tendríamos dinero extra para lo que queremos tener o hacer. Eso es lo que ya aprendimos, pero, ¿qué pasa si necesitamos una cantidad mayor que la que un trueque así puede ofrecer?

Sólo hay dos formas de aumentar nuestro flujo de efectivo personal:

- Disminuir los gastos
- Incrementar los ingresos

Los pequeños empresarios son muy fieles a ambas prácticas. Como propietario de Yo, S.A., usted también puede convertirse en un excelente administrador de su flujo de efectivo. Examinemos algunas de las maneras de lograrlo, empezando por la reducción de gastos.

UN CONSEJO

Una de las mejores cosas de la declaración de impuestos es que le permite ver la verdad detrás de las cifras: cuánto le han producido sus inversiones, cuánto ha donado a obras de caridad y cuánto está pagando de impuesto predial. Es un buen viaje a la realidad.

Haga dinero disminuyendo sus gastos

Vuelva a pensar por un momento en su plan de gastos. Se trata de ver con claridad. Requirió de un cambio de mentalidad por parte suya para dar importancia incluso a los desembolsos más insignificantes. Aumentar el flujo de efectivo mediante la reducción de gastos requiere el mismo tipo de actitud. En este caso significa, específicamente, intercambiar los gastos que se reducen, o eliminan, por dinero que puede conservar. Con el tiempo, de poco en poco se llena el saco.

Por ejemplo, digamos que hoy en día gana $40,000 anuales y le resulta imposible ahorrar algo. Suponiendo que no va a recibir ningún aumento, ¿qué opciones tiene?

- No hacer nada, y no ahorrar nada
- Buscar formas alternativas de gastar su dinero

Es obvio que la primera opción no sería satisfactoria si su meta es ahorrar dinero. Así que examinemos la segunda y veamos en qué difiere de la técnica del plan de gastos que ya aprendió. Una vez más, sirvámonos de un ejemplo.

UN CONSEJO

Nunca vaya al supermercado sin una lista de compras o cuando tenga hambre, porque terminará comprando más de lo que necesita y lo más probable es que compre demasiada comida "chatarra".

La cosita: las cosas pequeñas crecen poco a poco

Suponga que ha creado un plan de gastos para sus ingresos de $40,000. Los datos indican que actualmente gasta $200 al mes en taxis. Usted sabe que podría reducir esa cantidad, quizá usando el metro de vez en cuando, o caminando si hay buen clima. De esta manera calcula ahorrar la mitad del gasto, es decir, $100 mensuales. En el capítulo 3 le sugerimos que podría hacer un intercambio para cumplirse un deseo. Digamos, por ejemplo, que quiere ir al ballet, la más grande pasión artística de su vida. Podría comprar su boleto con el dinero que deje de pagar en taxis; o podría usar esa cantidad para aumentar sus ahorros. De esa manera incrementará su flujo de efectivo reduciendo un gasto. Esto gracias a que buscó *una forma distinta de gastar su dinero*.

¿Qué clase de opciones existen respecto a sus gastos actuales? En este punto, usted puede convertirse en un propietario creativo de *Yo*, S.A. A continuación le presento algunas de las muchas e imaginativas maneras que las personas han hallado para expandir su flujo de efectivo mediante la creación de opciones alternativas para los gastos.

Formas alternativas de gastar su dinero

- Intercambie servicios como el de niñera

- Acuerde con sus vecinos el uso comunitario de automóviles
- Use el transporte público (autobuses, metro) en vez de taxis
- Camine en vez de usar el transporte público
- Vaya al cine en lugar de ir al teatro
- Rente una película en vez de ir al cine
- Lleve sus propias palomitas y refrescos al cine
- Haga sus reuniones en casa
- Viaje en tren o camión y no por avión
- Estudie en una universidad pública y no en una privada
- Siga usando sus vestidos de fiesta del año pasado
- Escriba cartas en vez de hacer llamadas de larga distancia
- Registre sus gastos diarios escrupulosamente
- Reduzca la frecuencia de servicios que no son esenciales, como podar el pasto o lavar su coche, y hágalos usted mismo
- Coma en casa en lugar de en restaurantes
- Lleve su propio almuerzo al trabajo
- Deje de fumar o beber
- En vez de regalar cosas compradas, obsequie sus servicios o cosas que usted mismo haya hecho
- En vez de comprar o rentar libros, audiocintas o videos, pídalos en préstamo a las bibliotecas públicas
- Aplace los tratamientos médicos que no sean indispensables

- Haga ejercicio en los parques o gimnasios públicos en lugar de inscribirse a un club privado

- Haga de los museos, galerías, acuarios y otros espectáculos públicos, parte de sus actividades de esparcimiento

- Repare, o haga reparar, sus pertenencias en mal estado, como ropa o aparatos electrodomésticos

- Retapice sus muebles en vez de comprar otros

- Incremente los deducibles de las pólizas de seguros de su automóvil y de su casa

- Consolide la deuda de su tarjeta de crédito

- Refinancie su hipoteca

- Repare las fugas de agua

- Impermeabilice y aísle su casa

- Deje de usar los cajeros automáticos, en especial si no son de su banco

¿Le parece que son ideas tontas? ¿Que representan demasiadas molestias para ahorros tan pequeños? ¿Que no valen la pena? Hagamos una prueba, usando para ella sólo seis de estas ideas.

Prueba uno: llevar de vez en cuando su propio almuerzo al trabajo. Gastar $5 cada día laboral para almorzar le cuesta unos $1,250 anuales. Llevar sus propios alimentos dos días a la semana le ahorra $500 al año. Ahórrelo.

Prueba dos: aumentar los deducibles del seguro de su auto. Si es usted un buen conductor, ¿por qué darle más beneficios a la aseguradora? Ampliar su deducible de $250 a $500 podría ahorrarle alrededor de $150 anuales. Ahórrelo. En poco más de un año habrá compensado el deducible que cubriría el total del accidente, que esperemos nunca ocurra. Y si el deducible es mayor, ¡seguramente será un buen incentivo para que conduzca con mayor cuidado!

Prueba tres: refinanciar la hipoteca de su casa. Supongamos que actualmente es del 10 por ciento a 30 años sobre una casa con valor de $100,000, a 30 años. Si refinanciara ese porcentaje a un 8 por ciento, podría ahorrarse unos $1,600 *anuales* durante el plazo del crédito. Ahórrelo.

Prueba cuatro: reducir la tasa de interés de su tarjeta de crédito. Trasladar una deuda de $7,700 de una tarjeta que cobra el 20.3 por ciento de interés a otra que cobra el 14 por ciento podría ahorrarle $485 en intereses al año, cantidad que podría usar para pagar la deuda.

Prueba cinco: reparar las fugas de agua. Parece increíble, pero si usted vive en un área urbana y repara sus tuberías, disminuirá su consumo de agua y ahorrará $300 al año. Ahórrelo.

Prueba seis: impermeabilizar y aislar su casa. Si vive en un clima frío, puede ahorrar en calefacción y aire acondicionado con sólo calafatear y sellar herméticamente sus ventanas, además de asegurarse de que su equipo funcione bien. Podría ahorrarse $300 al año. Hágalo. Y podría ahorrar muchísimo más si decidiera instalar un aislamiento térmico en su casa, en caso de no tenerlo, o si reemplazara su viejo sistema de calefacción.

Examine los resultados de implantar estas seis sencillas ideas: fácilmente podría economizar hasta $3,335 ¡*cada año!* En el capítulo 2, que trata de los ascensores económicos, aprendió que el valor total de esa cantidad en, digamos, 15 años al 10 por ciento, sobrepasaría ligeramente los $105,000. ¿Aún cree que arreglar un grifo que gotea es algo trivial? Y las formas de generar dinero mediante la creación de opciones para los gastos de ninguna manera se reducen a la lista que acabamos de ver. Revise su propio plan de gastos y empiece a buscar sus propias maneras creativas de hacer dinero sin aumentar sus ingresos.

Haga dinero aumentando sus ingresos

Al principio del capítulo le explicamos que si desea generar más efectivo para su empresa *Yo, S.A.* sólo tiene dos opciones: disminuir sus gastos o aumentar sus ingresos. Ya hablamos de las maneras de incrementar su efectivo con la sustitución de gastos, pero, ¿cómo hará para ampliar sus ingresos?

La mayoría de las personas no hace más que quejarse del poco dinero que gana, sin hacer algo por remediarlo. Pero hay quienes hacen algo distinto: buscan maneras de ganar más. ¿Y qué soluciones encuentran? Para empezar, reconozcamos que las cosas hoy en día son más complicadas de lo que fueron para nuestros padres, quienes trabajaban 40 horas a la semana y si necesitaban o querían más dinero conseguían un segundo empleo por las tardes o los fines de semana. ¿Qué podemos hacer nosotros?

Si posee alguna habilidad que pueda "comercializar" y le hace falta dinero adicional, cambie lo que tiene por lo que necesita. Los ejemplos y presupuestos son fáciles de entender y le permitirán acrecentar su capacidad de intercambio.

El primer paso en cualquier plan de ingresos adicionales es determinar cuánto necesita o quiere. Gracias a su plan de gastos y su estado de cuenta personales, ya debe saber cuál es su situación económica. ¿Dónde están sus baches financieros y cuán grandes son? ¿Puede subsanarlos con la sustitución de gastos? ¿O necesita o desea tener más ingresos? Y, volviendo a su inventario personal, una pregunta muy importante: ¿cuán satisfecho se encuentra con su ocupación actual? Si considera que es algo que no quiere hacer permanentemente, tal vez sería conveniente que aprovechara sus deseos de aumentar sus ingresos como un acicate para informarse de otras ocupaciones, incluso para pensar en tener su propio negocio.

Lo siguiente que debe hacer es determinar la naturaleza de sus necesidades de dinero extra: ¿son temporales o permanentes? Si su necesidad es circunstancial, puede resolverla de las siguientes maneras:

- Venda alguna de sus pertenencias de valor, quizá algo que ya no le interese conservar de todos modos.
- Recurra a sus activos o valores, como son las cuentas de ahorros.
- Realice una venta de garaje, se sorprenderá de lo que puede ganar.
- Cobre a sus deudores.

Por otra parte, si considera que *Yo*, S.A. requiere de cientos de dólares adicionales cada mes, intente hacer algo como lo siguiente:

- Admita un pensionado en su casa o, si renta, comparta su departamento.
- Trabaje horas extra.
- Consiga otro empleo.
- Dé clases particulares.
- Sáqueles provecho a las habilidades y los conocimientos que tiene.
- Inicie un negocio casero.

Con sus distintos grados de posibilidad y compromiso, cada una de estas opciones puede reportarle ingresos adicionales. Pero sólo una de ellas es algo nuevo y estimulante para los latinos: los negocios caseros.

En el pasado reciente, casi un millón de latinos ha tomado la decisión de abrir un negocio, ya sea casero o no. De hecho, y según la *Hispanic Business Magazine,* cerca de dos terceras partes de los latinos más ricos de Estados Unidos iniciaron sus fortunas al abrir y dirigir sus propias compañías, es decir, se volvieron empresarios.

Los empresarios pueden empezar en sus casas

Déjeme darle más datos acerca de las personas que emprenden negocios caseros. Según la compañía de investigación y asesoría Find/SVP, aproximadamente 18'300,000 estadunidenses autoempleados trabajan en su hogar hoy en día. De ellos, 8'700,000 aseguran dirigir negocios caseros. ¿A qué se dedican los 10 millones restantes? Bueno, en realidad no es más que una cuestión de percepción, de cómo catalogamos lo que hacemos en casa. Muchas personas que trabajan por su cuenta se consideran simplemente como autoempleados, no se ven como dirigentes de su empresa. En realidad, su situación no es distinta de la manera en que usted y yo elegimos manejar nuestra situación económica. ¿Usted sólo trabaja y paga sus cuentas? ¿O dirige *Yo, S.A.?* Cuando empiece a verse como director de una compañía, no simplemente como un empleado o autoempleado, grandes cosas podrán sucederle. Tal vez se pregunte por qué; ¿cuál es la diferencia?

En los últimos tiempos, el paso hacia los negocios caseros se ha acelerado notablemente por dos sencillas razones. Primero, las corporaciones estadunidenses han reducido sus puestos de trabajo, con la intención de aumentar sus utilidades; eso significa que muchas personas han tenido que ponerse a trabajar en casa por necesidad. Tal vez sean malas noticias, pero analicemos la segunda razón: hoy las oportunidades de ganar mucho más dinero en casa son más grandes que nunca, y éstas son buenas noticias. Pero quizá quiera saber de dónde surgen esas oportunidades.

En parte, surgen del hecho real de que ahora sentimos que la situación económica es más dura y que disponemos de menos tiempo. Nos gustaría encontrar la forma de comprar las cosas a mejor precio y sin perder tanto tiempo. Pues resulta que los dueños de negocios caseros pueden ayudar a otras personas a cubrir ambas necesidades. Esto se debe, en cierta medida, a la revolución tecnológica que actualmente se está desarrollando en Estados Unidos, basada en las computadoras personales y en otros aparatos como el fax, el correo electrónico e Internet. Estas innovaciones permiten que los administradores de compañías pequeñas se comuniquen y operen de una manera más eficaz que nunca antes se imaginó.

Así como la tecnología ha influido sobre el rumbo de los que dirigen negocios caseros, lo mismo han hecho estos últimos con la tecnología. Según la *Entrepeneur Magazine*, el 15 por ciento de los adultos estadunidenses afirman tener un negocio casero y las probabilidades de que se les encuentre en Internet son cinco veces mayores que las de los otros adultos que no son pequeños empresarios.

¿Sabía que...?

Las siguientes direcciones de Internet son bilingües o completamente en español:

- PC World Online, una guía de compras de computadoras:
  www.pcworld.com.mix

- CityConnection, Inc., de Manhattan:
  www.cityconnection.com

El empresario latino

Le sorprendería saber que los latinos tenemos ventajas únicas como propietarios de negocios caseros. ¿Por qué? Somos un pueblo de gente relativamente joven, que da mucha importancia a las relaciones familiares y de amistad, lo cual significa que contamos con muchas relaciones personales, mismas que representan oportunidades para vender. Nos gusta comprar de otros latinos, por lo que tenemos un acceso natural al centro del mercado de más rápido crecimiento en Estados Unidos: nosotros, nuestra propia gente. Quizá con razón, confiamos más en otros latinos, y nos gusta comprarle a la gente que conocemos. Nos gusta comprar productos de buena calidad, respaldados por una cara familiar. Todo ello favorece la venta de productos caseros.

También tenemos un acceso natural a los mercados internacionales latinoamericanos, pues muchos de nosotros tenemos amigos y parientes en esos países. Además, contamos con el apoyo de una creciente red de cámaras de comercio latinas y otras organizaciones dedicadas a impulsar nuestro desarrollo empresarial. Así pues, ¿qué espera? *¡Sí se puede!*

Una breve guía para comenzar

¿Qué debe hacer para conocer la manera de iniciar su propio negocio, ya sea o no casero? Es obvio que no puedo decirle todo en una o dos páginas, pero aquí tiene un plan general a seguir:

Primer paso. Determine sus aptitudes para dirigir su propia empresa, contestando preguntas sencillas como las que siguen:

- ¿Estoy dispuesto a asumir las responsabilidades que implica tener un negocio?

- ¿Puedo, de manera eficaz, establecer las metas para mi nueva empresa y llevar a cabo las acciones necesarias para alcanzarlas?

- ¿Tengo la determinación requerida para perseverar en algo, aun cuando no logre el éxito de inmediato? ¿Puedo perseverar en una actividad por uno o dos años cuando menos, aunque no me rinda ningún beneficio?

¿Estoy preparado para ser empresario?

Para ayudarle a contestar esta pregunta, la SBA ha preparado el siguiente cuestionario. Si contesta de manera afirmativa a seis o más de las preguntas, está listo. En caso contrario, al menos habrá determinado sus puntos débiles para así reforzarlos antes de aventurarse.

1   ¿Tiene capacidad organizativa, impulso personal y cualidades de mando?

2   ¿Es capaz de soportar muchas horas de sacrificio?

3   ¿Se siente preparado psicológicamente para afrontar riesgos?

4   ¿Está dispuesto a esperar algunos meses antes de obtener utilidades?

5   ¿Tiene experiencia en el negocio que desea iniciar?

6   ¿Ya seleccionó algún mercado e identificó clientes?

7   ¿Sabe cómo vender sus productos o servicios y cómo fijarles un precio que le permita tener utilidades?

8   ¿Puede reunir dinero suficiente para establecer y mantener el flujo de efectivo necesario para su negocio?

9   ¿Le gusta pensar a futuro y después trabajar para hacerlo realidad?

En el apéndice encontrará más información acerca de las empresas, grandes y pequeñas.

¿Quiere que las respuestas a estas preguntas sean veraces? Entonces, repase con cuidado lo que ha hecho en el libro hasta ahora. Si hizo lo que le recomendé para fortalecer su empresa, *Yo*, S.A., tal vez ya tenga algunas de las cualidades que se necesitan para iniciar su propio negocio.

Segundo paso. Cuando considere que ha superado el primer paso satisfactoriamente, empiece a planificar sus actividades empresariales.

- Escoja un negocio de un área que le interese.
- Formule un plan de negocios (tal como hizo su plan financiero personal).
- Póngalo por escrito.
- Échelo a andar.

Tercer paso. Determine cómo financiará su negocio.

- ¿Con sus ahorros personales?
- ¿Con un préstamo de un amigo o pariente?
- ¿Con los ingresos de su actual empleo?
- ¿Con los ingresos de otro pariente?
- ¿Con un préstamo bancario?

Cuarto paso. Redacte un documento en el que explique con todo detalle cómo venderá sus productos o servicios.

Quinto paso. Hágalo. Empiece a operar su negocio.

Pero déjeme advertirle algo: no trate de ser como el Llanero Solitario; busque la ayuda de los demás. Lea libros sobre negocios. Recuerde que las cosas que valen la pena no se construyen en un solo día, ni sin grandes esfuerzos y sacrificios; camine siempre adelante.

Medidas inmediatas para incrementar su flujo de caja

- Maneje sus finanzas personales como las de una empresa y recibirá beneficios que nunca imaginó.

- Para obtener dinero, sustituya sus consumos costosos por otros de bajo costo o gratuitos.

- Aplique las seis ideas para ahorrar dinero que le sugerí páginas atrás y obtenga $3,000 en efectivo adicionales al año.

- Planee el momento oportuno para refinanciar la hipoteca de su casa y genere nueva riqueza para el futuro y dinero en efectivo para el presente.

- Busque maneras —tanto inusuales como obvias— de obtener ingresos extra que acrecenten su flujo de efectivo.

- Inicie su propio negocio, casero o de otra clase.

Capítulo 5

No nos dejes caer en tentación: cómo manejar sus deudas

Los demonios que acechan nuestras vidas

El que nada debe, nada teme.

Todos enfrentamos tres demonios financieros:

1 Los impuestos
2 La inflación
3 Las deudas

Estas inconveniencias amenazan con consumir el patrimonio que debería ser para nosotros y nuestras familias. Las dos primeras, sin embargo, difieren profundamente de la tercera, en las cuales es el gobierno el que las impone directamente, así que no podemos hacer mucho para remediarlas. Las deudas nos las imponemos nosotros mismos y, a diferencia de los impuestos y la inflación, que siempre identificamos como amenazas, tienen un encantamiento especial... Vea todas las cosas maravillosas que puede tener ahora mismo, sin esperar hasta que pueda pagarlas: "Páguelo mientras lo usa"; "Lléveselo ya"; "Disfrute la vida"; "Pagos diferidos". Todas estas frases se convierten en simples promesas que marcan nuestra caída por una resbalosa pendiente. Nos llevan a una gran trampa, en donde el demonio nos muestra su verdadera cara. La caída al pantano de las deudas empieza desde el momento en que nos negamos a ver el verdadero daño que nos causarán.

Es triste decirlo, pero los latinos estamos más expuestos a este peligro que el resto de los estadunidenses. ¿Por qué? En primer lugar porque, por lo general, encontramos obstáculos más grandes para obtener créditos, debido a que, casi siempre, nuestros ingresos son más bajos, tenemos la categoría de inmigrantes y no estamos bien informados de los trámites requeridos. También vemos cómo otros estadunidenses, aparentemente ricos, compran cosas fabulosas con sus tarjetas de crédito, lo que nos lleva a pensar que el crédito es un nuevo mundo desconocido y lleno de aventuras al que deseamos entrar. Igual que todos, podemos engancharnos fácilmente en la cultura de consumo estadunidense y meternos en muchos problemas, debido a que entre nosotros predominan los bajos salarios, menor experiencia en el manejo de los créditos, menor conocimiento de los hábitos alternos de consumo para las compras a pagos, y menos posesiones que nos respalden.

Oprimir el botón de descenso

El verdadero problema con las deudas no es el dinero que nos prestan, sino los intereses que generan. En el capítulo 2 aprendimos que el interés capitalizable funciona como un ascensor de alta velocidad en un rascacielos, porque puede llevarlo rápidamente a las alturas. Pero, ¿sabe qué más puede hacer?: puede llevarlo igual de rápido, o más, hasta el sótano. Todo lo que tiene que hacer es oprimir el botón de descenso, justo lo que hace cuando se endeuda irreflexivamente. Entonces, en lugar de ganar intereses, comienza a pagarlos, y a una tasa triplicada, muy probablemente. Si no paga su rédito mensual, éste se capitaliza y su deuda crece, como un cáncer incontrolable. Si quiere saber cuán incontrolable, recuerde que según la regla del 72, con una tasa de 18 por ciento, digamos, su dinero se duplicaría en sólo cuatro años; ¡pero con la tarjeta de crédito no es su patrimonio lo que se duplica, sino sus deudas!

Permítame ofrecerle un ejemplo aún más gráfico de lo que se conoce como el poder negativo capitalizable. Si cubriera una cuenta de $1,500 por la reparación de su auto con la tarjeta de crédito, que le carga un 19.8 por ciento de interés anual, le tomaría 22 años liquidarla por completo, en caso de que decidiera realizar sólo los pagos mínimos mensuales. ¡Si tuviera que pagar el préstamo de esa manera, para cuando lo hiciera, el carro reparado sería chatarra desde mucho antes!

UN CONSEJO

Compre un auto de dos a tres años de uso, pues para entonces habrá sufrido su mayor depreciación, de modo que usted ahorrará dinero. Por las mismas razones, compre la casa más pequeña de su calle; le será más fácil venderla que el resto, que son más caras.

Enfrente la realidad: ¿cuál es su relación con las deudas?

Examinemos por un momento la realidad. Todos tenemos alguna relación con los compromisos monetarios, que puede ser saludable, regular o realmente enfermiza. Así, el demonio de las deudas es en verdad dañino. En general, las personas no clasificamos en alguna de las tres siguientes maneras:

- Tenemos suficiente efectivo o valores, así que no nos preocupan las deudas.
- No nos llevamos bien con ellas y nos da miedo que se salgan de control.
- Nos tienen totalmente abrumados y ahogados.

¿En qué categoría entra usted?

Es probable que la mayoría de nosotros entre en alguna de las dos últimas, lo que significa que tendemos a pasar la vida preocupados por deber dinero.

Sería maravillos unirnos a la gente de la primera categoría, que no tiene que preocuparse por las deudas.

De eso se trata este capítulo: de curar un mal; pero, por supuesto, antes de la cura debemos conocer el diagnóstico.

Con frecuencia, uno es el último en enterarse de que se halla en problemas por los compromisos económicos. La realidad de nuestras crecientes dificultades se vuelve tan lacerante que preferimos ignorarla. Si no está seguro de cómo es su relación con las deudas, eche una hojeada a esta lista de síntomas de los problemas que originan.

Síntomas del mal de las deudas

El paciente muestra los siguientes síntomas:

- Evita abrir la correspondencia.
- Evita hacer el balance de su chequera de manera regular, es decir, mensualmente.
- No puede pagar sus deudas.
- Paga al contado sólo una parte mínima de sus nuevas compras.
- Hace frecuentes retiros de efectivo con su tarjeta de crédito, sin tener fondo alguno.
- Su saldo en las tiendas departamentales crece cada vez más.
- Usa varias tarjetas de crédito, que muchas veces están sobregiradas.
- Se le han cancelado ya algunas cuentas por sobregiro.
- Muestra una gran ignorancia en cuanto a asuntos monetarios.
- No tiene cuenta de ahorro ni inversiones.
- Regularmente le "rebotan" sus cheques.
- Toma dinero prestado de una cuenta para pagar otra.
- Sólo hace pagos mínimos a sus tarjetas.
- Recibe notificaciones de agencias de cobros con regularidad.

No parece ser agradable vivir con alguno de estos síntomas, pero recuerde que un buen diagnóstico es el primer paso para una cura a fondo. Todos debemos analizar con honestidad nuestras deudas, pues sólo así podremos tomar las medidas de alivio que nos libren de la amenaza de este cáncer que, literalmente, puede consumirnos. El punto de inicio para conocer nuestra relación con las deudas con toda precisión es examinar dos de las partes del inventario personal que hicimos en el capítulo 3: el balance y la relación de ingresos personales.

UN CONSEJO

Lleve consigo sólo una tarjeta de crédito y pague en efectivo siempre que pueda. Así tiene más probabilidades de no gastar demasiado y comprar sólo lo que necesita.

Analice sus deudas

Un cáncer es tan sólo una célula normal que se ha salido de control. Por extraño que parezca, existe algo que podríamos llamar deuda nueva; también existe la deuda mala, que es la que se ha salido de control. Para poder analizar las suyas correctamente, empiece por revisar su balance personal para hacer una lista de todas ellas, clasificándolas por categorías y montos; algunas de esas categorías pueden ser:

- Hipoteca
- Préstamo para estudios
- Crédito para automóvil
- Préstamo para reparaciones caseras
- Hipotecas sobre su casa
- Saldo de tarjetas de tiendas departamentales (anótelas una por una)
- Saldo de tarjetas de crédito (anótelas una por una)

Anótelas en dos columnas: "Deudas buenas" y "Deudas malas".

Pero, ¿cómo podrá saber a qué columna corresponde cada una de sus obligaciones? Comencemos por conocer las definiciones para estas dos clasificaciones. Las deudas buenas son las que tienen que ver con alguna inversión y están aseguradas, o respaldadas, por algún bien o activo; todas las demás son deudas malas. Su hipoteca inmobiliaria está garantizada con su casa, su crédito automotriz con su auto. ¿Y qué hay de los préstamos para estudios? También es deuda de inversión, respaldada por el aumento de su capacidad para competir en el mercado de trabajo y ganar más dinero. De hecho, usted puede calcular los "réditos" que genera un título universitario al comparar el promedio de utilidades de por vida de un profesionista con los de quienes no lo son; la diferencia le sorprenderá. Si los préstamos para reparaciones y mejoras, o las hipotecas sobre su casa han incrementado el valor de la misma, entonces también se considera deuda buena. Todo lo demás son deudas malas.

Las deudas buenas lo son sólo por una razón: le permiten hacerse de un activo que le produce un beneficio, mismo que compensa el interés que debe pagar por el préstamo. Por ejemplo, su casa aumenta su valor casi todo el tiempo, y esa ganancia compensa el interés de su hipoteca. ¿Y su automóvil? Bueno, su valor decrece cada año, pero le permite ser más eficiente en su trabajo y su carrera; así que aunque el auto se deprecie, sus utilidades monetarias suben gracias a él. Claro que si pide un préstamo para comprar un carro sólo para su disfrute, entonces tendrá una deuda mala.

Así pues, anote sus compromisos económicos en la columna adecuada, por categorías; junto a cada una de ellas, anote la cantidad a pagar, la tasa de interés y el pago mínimo mensual; si actualmente está pagando más que eso, también apúntelo. Por último, sume por separado sus deudas buenas y malas, tanto las cantidades que debe como los pagos mensuales; si las malas son mayores que las buenas, es una mala señal.

UN CONSEJO

Regla general: a excepción de la hipoteca, ningún pago de deudas mensuales debe exceder el 10 por ciento del ingreso bruto mensual.

Déjeme ser más preciso respecto a las deudas que puede tener. Un marco de referencia es la cantidad que paga cada mes por créditos no hipotecarios; este tipo de pagos no debe ser superior al 10 por ciento de su ingreso bruto mensual. Por ejemplo, si gana un salario neto de $4,000 al mes, no deberá pagar más de $400 por créditos no hipotecarios. En caso contrario, estará gastando demasiado dinero en deudas, dinero que podría usar para cosas más productivas como la generación de riqueza futura para usted.

Qué hacer si aprieta el botón para bajar

Por desgracia, las buenas ideas para ahorrar o invertir más dinero pueden abrumarnos, pero las ideas para evitar las deudas no abundan. Después de todo, las instituciones crediticias ganan mucho dinero con nuestros pagos, así que no les interesa decirnos cómo liberarnos de las deudas o cómo evitar contraerlas, para empezar. Lo primero que debe hacer quien ya tenga demasiadas deudas malas es dejar de endeudarse, y punto. Ésta puede ser la tarea más difícil para alguien que ya esté enganchado por ellas; tal vez su reacción inicial sea pensar que es sólo una broma. Y es que, sabe usted, estar endeudado puede convertirse en una forma de vida.

Haga un experimento. Mañana —y sólo por ese día— no se endeude más. No use para nada sus tarjetas de crédito; guárdelas en algún lugar de su casa antes de salir y no acepte ningún servicio o producto que no pueda pagar en efectivo; tampoco use la tarjeta de ninguna tienda de autoservicio. Al final del día, pregúntese cómo se siente. Tal vez se sorprenda y descubra que está contento; y tendrá razones para ello, pues habrá realizado algo muy difícil. Así que vuelva a intentarlo al día siguiente, y luego al siguiente; y continúe haciéndolo así. Al mismo tiempo, anote todos los pagos en efectivo que realice. Siga trabajando en el plan de pagos que comenzó a hacer en el capítulo 3. Por primera vez en mucho tiempo empezará a tener sus gastos reales bajo control. Verá que puede pasar un mes sin despilfarrar. Empezará a entender que no tiene que depender de las deudas.

UN CONSEJO

No gaste sus ingresos adicionales. Puede arreglárselas sin ellos, así que mejor pida que se los depositen automáticamente en su cuenta de cheques y luego inviértalos en el mercado de dinero o en un fondo de crecimiento.

Vea lo que sucederá cuando deje de hacerlo.

Gastará menos. Le resultará menos conveniente cubrir sus gastos con un cheque o con dinero en efectivo y, al mismo tiempo, su plan de pagos determinará lo que realmente compra.

Su deuda total se reducirá. Cuando deje de entramparse con los créditos o préstamos, todos los pagos mensuales que haga realmente disminuirán su deuda total. En poco tiempo notará que tiene más dinero que nunca antes.

Se sentirá muy bien, con el control de su situación económica. Su confianza y entusiasmo respecto a sus finanzas crecerá, quizá de manera cotidiana.

Por supuesto, si no dispone de las herramientas necesarias que le ayuden a perseverar, su entusiasmo y esfuerzos iniciales para controlar su dinero pueden desvanecerse con facilidad, lo que lo llevaría pronto al desánimo.

Procedimientos para lograr la reducción de deudas

Sí, sí es posible librarse por completo y para siempre de las deudas malas. A continuación le diré cómo.

Empiece por reestructurar sus obligaciones actuales, esto es, cambie sus deudas hacia cuentas de más bajo interés. Puede hacerlo de las siguientes maneras:

- Haga pagos únicos a sus deudas con la devolución de impuestos retenidos, con la venta de alguna pertenencia valiosa o con sus ahorros.
- Cambie el saldo de su tarjeta de crédito a una de interés más bajo.
- Consolide las deudas de sus tarjetas de crédito y de otros préstamos con altas tasas de interés en una sola cuenta de interés bajo, por medio de una unión de crédito o con un préstamo hipotecario sobre su casa.

Incremente sus pagos mensuales, aunque sea sólo en $15 mensuales. Esta acción es algo así como el pago anticipado de una hipoteca para reducir los pagos de los intereses a largo plazo, excepto que en este caso usted ahorra 20 por ciento en intereses, en lugar de 8 por ciento, lo que representa una reducción muy considerable. Así, por ejemplo, si usted pagara sólo el mínimo sobre un saldo de $3,000 en su tarjeta de crédito, liquidarla por completo le tomaría ¡30 años! En cambio, si pagara al menos $15 adicionales, lograría dejar su saldo en ceros en cinco años; ¡es un mundo de diferencia!

Si está pagando una hipoteca con una tasa de interés de 8 por ciento a 30 años, agregue tan sólo $25 mensuales al pago mensual y ahorrará $23,337 a lo largo de la duración total del préstamo; si paga mejor $100 adicionales, ahorrará $62,000.

Ésta es una manera muy simple y eficaz de reducir su deuda a cero. Ahora veremos otra.

Como recordará, su plan de pagos le ayudó a identificar las categorías específicas de sus gastos personales y luego asignar una cantidad semanal y mensual específica por cada una de ellas. Bueno, pues hay un plan de pagos más completo, ya que agrega una categoría más: la del reembolso de deudas.

Formular un plan de reembolso de deudas basado en las cantidades que pueda pagar según su plan de pagos, le permitirá disciplinarse y estructurar el control de sus compromisos económicos. Con él, usted puede fijar un monto de reembolso equivalente a lo que paga ahora a sus acreedores, más sus excedentes en efectivo. El plan de gastos le ayuda a reconocer los rubros donde puede conseguir dinero fresco, en tanto que el plan de reembolso de deudas le sirve para hallar la manera más eficiente de distribuir ese dinero en sus distintas cuentas acreedoras. A continuación le muestro un ejemplo de la manera en que funciona.

Tenga a la mano su plan de pagos, la lista completa de sus deudas (que ya debe haber preparado), una calculadora, papel y lápiz.

Calcule cuánto puede aportar mensualmente a sus deudas sin hacer demasiados sacrificios. Supongamos que se las arregla para pagar $400 mensuales.

Haga una lista de sus acreedores y las sumas que debe pagarles cada mes.

Haga la suma total de sus deudas.

Use la calculadora para determinar qué parte del total le corresponde a cada acreedor, según esta fórmula: monto del acreedor ÷ deuda total = proporción del acreedor.

Por ejemplo, suponga que una pareja, Jesús y Martha, deben lo siguiente:

Monto del acreedor	Dividido entre la deuda total		Proporción de la deuda
Préstamo bancario	$5,000 / $10,750	X 100 =	46%
Tarjeta de crédito	$3,500 / $10,750	X 100 =	33%
Crédito de tiendas	$1,500 / $10,750	X 100 =	14%
Servicios médicos	$750 / $10,750	X 100 =	7%
Deuda total	$10,750		100%

Luego multiplique la porción de cada acreedor por la cantidad total que puede aportar cada mes a los reembolsos.

Acreedor	Proporción	Monto total	Reembolso al acreedor
Préstamo bancario	46%	$400	$184
Tarjeta de crédito	33%	$400	$132
Crédito de tiendas	14%	$400	$56
Servicios médicos	7%	$400	$28

Esas cantidades son las que debe pagar mensualmente a cada acreedor.

Observe que este plan de reembolso de deudas ideal (o proporcionalmente balanceado) tiene las siguientes características:

- Dentro de los límites de su capacidad de pago, le permite liquidar sus deudas de manera continua.

- Resulta equitativo para todos sus acreedores.

- Le brinda una base proporcional para realizar pagos adicionales, conforme vaya teniendo dinero disponible.

Lo ideal es que el monto total del que disponga para sus reembolsos sea mayor que sus pagos mínimos mensuales. En el caso de Jesús y Martha, cuentan con $4,800 anuales para sus deudas, que es más del doble de los $2,032 anuales que deben pagar de intereses, a una tasa de 18.9 por ciento; si siguen pagando la misma cantidad mensual, sus deudas desaparecerán. Por supuesto, a veces la vida no nos permite saldar proporcionalmente las deudas. Quizá alguna de ellas le esté cargando réditos altísimos; puede ser que una de sus cuentas tenga intereses vencidos; o tal vez estén por suspenderle el servicio telefónico o eléctrico. En casos como éstos, por supuesto, tiene que ajustar su plan de reembolso y enfrentar la triste realidad. Pero, sin importar cómo pague, ¡no se endeude más!

Una vez que su maquinaria de reducción de deudas esté funcionando adecuadamente, su siguiente paso es atender su historial crediticio. Se preguntará por qué, si la idea inicial de todo esto es empezar a liquidar sus compromisos económicos. Pues sí, pero no olvide que las deudas que desea eliminar por completo son las malas, las que no le representan ninguna inversión. En algún momento futuro se dará cuenta de que necesita contraer algunas deudas buenas, por ejemplo, la compra de un auto nuevo o más reciente, cuando consiga un mejor empleo, para poder llegar a tiempo. Por eso es importante que tenga un buen historial de pagos, pues de lo contrario descubrirá que tiene que pagar tasas de interés de deuda mala por deudas buenas; y todo porque las compañías financieras siguen considerándolo como un riesgo crediticio.

Pase de mejorar sus deudas a generar riqueza

En el capítulo 1 conoció una buena manera de considerar su situación económica, desde un punto de vista holístico que enlaza las tres áreas o esferas financieras de cada persona: de seguridad o protección, de crecimiento y de deudas. Construir su propia y poderosa maquinaria de generación de riqueza le exige que haga funcionar estas esferas al unísono de manera eficaz. Dos de ellas, las de la seguridad y el crecimiento, le son beneficiosas; la de las deudas le es perjudicial y se convierte en la principal razón para que los latinos no puedan generar riqueza de una forma adecuada. Esto se debe, por lo regular, al desconocimiento que tienen del poder de la coordinación de la seguridad, el crecimiento y las deudas para que la maquinaria funcione bien.

Para entender mejor esta relación, veamos un ejemplo de cómo un buen manejo de las deudas puede llevarle a una potencialización general de su dinero. Para ello, volvamos al caso de Jesús y Martha. Supongamos que tienen una deuda no hipotecaria total de $10,750, por la cual deben pagar $400 mensuales para mantenerse al corriente; su tasa de interés promedio es de 18.9 por ciento.

La pareja también tiene ahorros y acciones de crecimiento: un certificado de depósito (CD) de $10,000 que les da un 4 por ciento de interés, una cuenta del mercado de dinero por $21,000 con un rendimiento de 5 por ciento y una cuenta de ahorros de $7,000 con una tasa de interés de 2.5 por ciento. Así, su relación deudas-ahorros es:

		Tasa
Deudas	$10,750	18.9%
Ahorros	$38,000	2.5-5%

Por otra parte, su certificado de depósito está en el mismo banco que les otorgó un crédito de $5,000. Su flujo de efectivo es éste:

- El CD de $10,000 al 4 por ciento les rinde $400 anuales.
- Los préstamos por $10,750 a 18.9 por ciento les cuesta $2,032 al año.

Una sencilla y eficaz estrategia holística sería que usaran un CD para liquidar sus deudas. Entonces podrían tomar los $1,632 de ganancia neta (los $2,032 menos $400 por el interés del CD perdido) que tendrían el primer año para invertirlo a largo plazo. Y, aún mejor, podrían tomar los $400 mensuales extra que acostumbraban usar para disminuir sus deudas e invertirlos también a largo plazo. Si invirtieran $400 mensuales con una tasa de interés promedio de 8 por ciento durante 20 años, al final tendrían $237,230 para su retiro o para lo que quieran usarlos. Reinvertir los intereses del CD, en cambio, sólo les habría reportado $21,910 en el mismo plazo. Analicemos los resultados de esta estrategia tan sencilla: por el simple hecho de liquidar una deuda con un interés alto, y con ello ahorrar varios miles de dólares en pago de réditos, el 4 por ciento del CD de Jesús y Martha se ha convertido realmente en una cuenta al 18.9 por ciento. Además, recuperaron el control sobre $400 de sus propios ingresos, en lugar de seguírselos cediendo a sus acreedores; esta acción les producirá $237,000 en el futuro.

Y aprendieron una valiosa lección: que debían coordinar e integrar todas sus posibilidades financieras para lograr una generación de riqueza al máximo. Recuerde que las estrategias que benefician a las instituciones financieras no tienen por qué beneficiarnos necesariamente a nosotros. Como ve, no se necesita ser un mago para lograr que un CD al 4 por ciento produzca 18.9 por ciento. Para Jesús y Martha, el costo potencial de usar su dinero de manera inadecuada sería de $215,000 en 20 años; y para usted podría resultar más alto.

No deja de sorprender el hecho de que muchos de mis clientes latinos cometan esta clase de errores básicos. Jesús y Martha no son ningunos holgazanes y, en lo general, tienen una buena posición económica; no obstante, su equivocación financiera les estaba costando varios miles de dólares. ¿Qué me dice de usted? Si tiene una deuda desgastante con una tasa de interés alto, junto con cuentas de ahorro de interés bajo, analice con detenimiento el cambio que podría lograr al usar sus ahorros para saldar sus compromisos económicos. *¡Sí se puede!*

Acabe con el demonio de las deudas... desde hoy

Tome asiento ahora mismo y use mi sencillo método para determinar hasta qué punto le amenaza el demonio de las deudas.

- Clasifique sus deudas en buenas y malas, según sea el caso.
- Empiece hoy mismo a liquidar las malas.
- Desarrolle un sistema para librarse de ellas para siempre.
- Haga que su historial crediticio trabaje para usted, no en su contra.

Capítulo 6

HAGA QUE SUS CUENTAS DE AHORROS FUNCIONEN COMO ASCENSORES FINANCIEROS

El que guarda, siempre encuentra.

Dejemos el asunto de la esfera de las deudas y comencemos a examinar el aspecto más básico que todos procuramos en relación con las esferas de la seguridad y el crecimiento de nuestras finanzas: el ahorro. Todos tenemos conflictos por la forma en que manejamos nuestros ahorros, y ello se debe a que quisiéramos tener dos cosas al mismo tiempo: seguridad y altos réditos. Desafortunadamente, la realidad nos dice que ambas no se pueden asegurar de manera simultánea. Si escogemos la primera, tendremos que renunciar a algunas utilidades, y si elegimos réditos más altos, tendremos que olvidarnos hasta cierto punto de la seguridad. En este capítulo aprenderemos algunos aspectos del fino arte de balancear ambos aspectos, con el fin de obtener lo mejor de ellos.

Sus obras de caridad... para el banco

Todos los años asesoro a muchos latinos en cuestiones financieras y aún me sorprende ver cuántos de ellos han decidido realizar contribuciones de caridad a sus bancos. Tal vez usted también esté comprometido en esa actividad, ayudando a su banco a expensas de su familia y de sí mismo. Estas contribuciones del pueblo latino se hacen sin tener conciencia de ello. Ni siquiera nos damos cuenta de los muchos millones de dólares que aportamos a los banqueros anualmente. ¿Cómo es posible?

Cada vez que coloca el dinero que tanto le cuesta ganar en una cuenta de ahorros convencional, usted le hace una donación al banco: la diferencia resultante entre la tasa de interés de esa cuenta común y el instrumento de ahorro de más bajo rendimiento que le sigue es una competitiva cuenta del mercado de dinero. El monto de su donación, actualmente, es, poco más o menos, la diferencia resultante entre 2 por ciento y 5 por ciento; es decir que usted le cede alrededor del 3 por ciento anual de su dinero a su banco. Parece poca cosa, hasta que le viene a la mente que, con esa tasa de interés, su dinero se duplicaría en 24 años; y, por desgracia, muchos latinos han aportado sus donativos de 3 por ciento a los bancos durante periodos tan prolongados. Sí, han perdido mucho.

Pero no sólo los latinos; a pesar del gran número disponible de sociedades de inversión y otras inversiones de alto rendimiento, los estadunidenses aún tienen más de $1.3 billones en cuentas de ahorros de bajo rendimiento, donando así más o menos unos $80 mil millones al año a sus bancos, que seguramente nos adoran. Cuando les prestamos nuestro dinero barato, ellos, a su vez, lo prestan a tasas de interés competitivas y ganan con la diferencia resultante, o diferencial de precio, como la llaman. Los accionistas de un banco están más que satisfechos si nos pagan un 2 o 3 por ciento sobre nuestros ahorros y su institución los presta a tasas de hasta 21 por ciento. Se están haciendo ricos, claro, pero, ¿y nosotros?

Los latinos, desafortunadamente, somos más propensos a colocar el dinero en cuentas de ahorros de bajo rendimiento que el estadunidense promedio, porque no nos gusta arriesgarnos; tenemos lo que se conoce como aversión a los riesgos. Por lo general, no estamos bien informados sobre los distintos tipos de cuentas de ahorros y nos gusta la comodidad de ser clientes del banco más cercano, igual que nos gusta comprar en "la tienda de la esquina". Asociamos la familiaridad de las personas —quizá latinas— del banco local con la seguridad; los grandes bancos y otras instituciones financieras (que tal vez no tengan sucursales en nuestra ciudad o estado) nos pagan más por usar nuestro dinero, pero no lo sabemos y eso nos hace perder. Creo que cuando nos demos cuenta de la magnitud de las pérdidas, empezaremos a cambiar, así que pasemos a analizar el costo total de nuestros donativos a los banqueros.

¿Cuál es el costo real de colocar el dinero en una cuenta de ahorros común? En abril de 1998, la tasa de este tipo de cuentas era de aproximadamente 2.5 por ciento en Estados Unidos. De por sí no es una gran utilidad, pero resulta peor cuando los demonios de los impuestos y la inflación se suman a la tarea. Si usamos una tasa general de impuestos de 28 por ciento sobre sus ahorros y de 2 por ciento sobre la economía, su utilidad real no será de 2.5 por ciento, sino que más bien sufrirá una pérdida de 0.20 por ciento. Analice los siguientes cálculos:

2.5% - 28% de 2.5%, es decir, 0.7% = 1.8% (la pérdida
por impuestos)
1.8% - 2% = 0.2% (la pérdida por inflación)

Algunos perdemos 0.2 por ciento anuales durante
muchos años. No es raro que los banqueros nos amen tanto,
ya que somos tan generosos con ellos. ¿Y si en vez de poner
nuestro dinero en una cuenta de ahorros común lo pusié-
ramos en un certificado de depósito, que es una inversión
igual de segura, pero que paga un 3 por ciento más que
aquella? ¿Cuánto ganaríamos? Volvamos a hacer los cálculos:

5.5% - 28% de 5.5%, es decir, 1.5% = 4.0% (la pérdida
por impuestos)
4.0% - 2.0% = 2.0% (la pérdida por inflación)

En este caso, en lugar de perder 0.2 por ciento ganamos
2.0 por ciento. ¿Cuál sería el rendimiento en cada una de
estas cuentas para una inversión inicial de $10,000 a 30 años?
Bueno, invertidos a una tasa real de 2.0 por ciento, $10,000
se convertirían en poco menos de $20,000, según la regla del
72; pero a una tasa real de -2.0 por ciento, sólo serían $9,138
en 30 años. Con esta cuenta tan segura y conservadora
perderíamos unos $11,000... y eso sí que es una gran cosa.

Más adelante le daré la información precisa que le
permitirá hacer rendir al máximo el dinero que usted
considera que debe conservar en el banco.

¿Debe tener cuentas de ahorros?

¿Para qué abrir una cuenta de ahorros, si son tan mal
negocio? Bueno, no crea que el hecho de ahorrar dinero es
algo inconveniente, porque, a la larga, pensar así lo

llevaría a la ruina financiera. Lo que debe hacer es determinar la proporción de sus ahorros totales que debe tener en una cuenta de ahorros y la que debe colocar en otras inversiones que le den mayor rendimiento.

¿Por qué debemos tener cuentas de ahorros? Cada quien expresará sus propias razones, por supuesto, pero, por lo general, la gente lo hace por las siguientes:

- Por la seguridad, es decir, la protección contra las pérdidas (seguro FDIC)
- Por la liquidez, es decir, el acceso inmediato al dinero
- Por el rendimiento, es decir, una tasa de interés mucho mayor que la que genera el dinero en efectivo (que es de cero)

Son razones válidas que, sin embargo, dan lugar a una importante pregunta: ¿cómo podemos obtener el más alto rendimiento al tiempo que conservamos la seguridad y liquidez deseadas?

UN CONSEJO

El interés simple no es lo mismo que el rendimiento efectivo anual. El primero se refiere a la tasa anual sin capitalizar, en tanto que el segundo es el rendimiento capitalizado. Así, por ejemplo, un CD de un año al 5 por ciento tiene un interés simple de 5 por ciento y un rendimiento efectivo anual de 5.13 por ciento.

Para responderla, tenemos que conocer los usos que, por lo general, la gente da a sus cuentas de ahorro:

- Como fondo de emergencia
- Para comprar algo de valor considerable

- Como depósito temporal para cantidades de poca monta
- Para ahorros a largo plazo

Analicémoslos más a fondo.

Por desgracia, todos podemos enfrentar emergencias que requieren dinero inmediato, como accidentes, enfermedades, despidos, pérdida de valores no asegurados, cuentas inesperadas por servicios. Por eso es conveniente tener alguna cuenta de ahorros que cubra estos imprevistos. Conservar disponible en cualquier momento una cantidad de ahorro líquido equivalente a dos o tres meses de su ingreso normal les asegura a usted y a su familia contra los apuros económicos, en caso de que algo le sucediera en lo personal o en su trabajo. Supongamos que Jesús y Martha ganan en conjunto $75,000 anuales; deberán reservar de $12,000 a $18,000 en ahorros a corto plazo, para protegerse en un caso de emergencia, como es la pérdida del empleo. De esa forma, las urgencias menores también quedarán cubiertas. Lo que no deben hacer es colocar todo su dinero a una tasa de interés que les genere pérdidas... por hacer donativos al banco. Los banqueros también deberían trabajar para ganarse la vida.

UN CONSEJO

Regla general: siempre debe tener el equivalente a dos o tres meses de ingresos fácilmente disponible.

Examinemos las maneras en que puede ganar más intereses sobre el dinero que considera que debe mantener en cuentas seguras y de fácil liquidez. Todo el dinero que no crea absolutamente conveniente guardar, deberá invertirlo en la esfera del crecimiento de su plan financiero general.

En capítulos posteriores le hablaré de lo que debe hacer con el resto de su capital.

Haga que los bancos desquiten sus ingresos

Lo primero que debemos hacer al tomar cualquier decisión económica es conocer las opciones que tenemos, para luego elegir la mejor, según las circunstancias específicas. A continuación le presento la lista de las elecciones que podemos hacer para obtener el mejor rendimiento o interés sobre el dinero que deseamos mantener seguro y con máxima liquidez.

- *Libretas de ahorros.* Son las buenas y anticuadas cuentas que muchos de nosotros usamos desde niños.

- *Cuenta de ahorros con estados de cuenta.* Iguales a las anteriores, pero sin libreta.

- *Cuentas del mercado de dinero.* Se crearon en Estados Unidos en 1982, como una opción alterna competitiva a las cuentas ya mencionadas. Le ofrecen un poco más de interés y le permiten expedir algunos cheques con sus fondos. Son muy fáciles de manejar.

- *Certificados de depósito (CD).* Creadas por los bancos estadunidenses para animarnos a dejarles nuestro dinero por más tiempo, a cambio de un interés mayor.

- *CD de fuentes no bancarias, como las casas de bolsa.* A menudo pagan más intereses.

- *Cuentas de ahorros de uniones de crédito.* Son administradas exclusivamente por "bancos" miembros sin fines de lucro; le pagan más por su dinero y le cobran menos por prestarle.
- *Gobierno de Estados Unidos.* Operan mediante valores del Departamento del Tesoro de la nación.

Para este momento debe estar preguntándose cómo hacer para elegir entre todas estas opciones. Comencemos con una lista de las cosas que tendrá que considerar antes de tomar la decisión.

- Las tasas de interés (antes de la capitalización) y los rendimientos (después de la capitalización)
- Las cuotas que pudiera tener que pagar
- Los requisitos de balance mínimo
- Las tasas de interés mayores para balances mayores
- Los cargos por cheques expedidos, por lo que hace a las cuentas del mercado de dinero
- La protección de los depósitos de seguro federales

En las cuentas que ofrecen tratos especiales, además de estas cuestiones básicas, también deberá examinar las partes expresadas en letra menuda. Hoy en día, muchas de las ofertas de altos intereses son sólo estrategias comerciales para estimular su compra; una vez logrado esto, sus altas tasas pueden terminarse en un lapso de tres a seis meses. Cuando esté bien informado acerca de tales anzuelos, pruebe los potencializadores de los rendimientos que le presento a continuación y determine la estrategia de ahorros que mejor se ajuste a sus necesidades y comodidad.

Corte el cordón umbilical que lo liga a su banco local

Un potencializador de los rendimientos es un plan racional para incrementar los intereses que realmente le producen sus ahorros, sin sacrificar la seguridad y liquidez que usted considera que debe tener. La primera estrategia de potencialización es cortar el cordón umbilical con su banco local. Igual que nos liberamos de la total dependencia de nuestras madres al nacer, librarnos de los lazos que nos atan al banco que nos hace sentir protegidos es el primer paso para lograr utilidades económicas por medio de inversiones acertadas.

Déjeme hacerle una pregunta: si los grandes bancos consideran que es un buen negocio ir a otras ciudades o estados a comprar otros bancos, ¿por qué no habría de ser bueno también para usted? Recuerde que el mercado bancario no es igual en todos lados; en algunas áreas la demanda de préstamos es mayor de lo que los depósitos de ahorros pueden ayudar a cubrir. Allí los bancos le pagarán quizá hasta un 2.5 por ciento más por usar su dinero, así que, ¿por qué no prestárselo? A eso me refiero cuando le hablo de cortar el cordón umbilical.

El primer paso, pues, implica liberarse de su banco local y buscar las mejores tasas de interés en cualquier parte del país. Tal vez se pregunte cómo puede localizarlas; para empezar, consulte la sección financiera del *Wall Street Journal* o de los periódicos de su localidad.

¿Sabía que...?

Con los bancos se puede negociar casi cualquier cosa. Dependiendo de su saldo y volumen de operaciones, usted puede lograr que el banco difiera o reduzca sus cargos, o que le ofrezca un manejo de cuenta especial y servicios gratuitos. Antes de abrir una cuenta (o de pagar los cargos por una mensualidad más), hable con su ejecutivo de cuenta y pregúntele qué concesiones le hará para conservarlo o firmarlo como cliente. Recuerde que si un banco no es flexible, el próximo tal vez lo sea. Generalmente, las instituciones más pequeñas y necesitadas son las más dispuestas a negociar, igual que los bancos que tienen como práctica común el financiar a los "mercados intermedios" y pequeñas empresas.

Capítulo 7

HAGA QUE SU ASCENSOR FINANCIERO SUBA RÁPIDO: LA VIDA EN LA ESFERA DEL CRECIMIENTO

Acciones para el futuro

El que no se arriesga, no pasa el charco.

Tradicionalmente, la mayoría de las familias estaduni-denses ha hecho lo mismo que a los latinos nos gusta hacer: comprar una casa tan pronto como se pueda, con la ayuda de un banco. Por muchos años, la posesión más valiosa del estadunidense y latinoamericano común ha sido la casa familiar. Para las generaciones posteriores a la Gran Depresión, los bienes raíces pasaron a formar la base de su seguridad económica. Así, si uno tenía un poco de efectivo extra, lo "invertía" en algunas mejoras a su hogar. En tiempos recientes, eso ha cambiado; mientras los latinos seguimos pensando que los bienes raíces nos producirán riqueza en Estados Unidos, muchas otras personas han centrado su atención en algo diferente: las acciones bursátiles de las grandes compañías estadunidenses.

En 1997, por primera vez en más de 40 años, la porción más grande de la riqueza doméstica estadunidense (más del 50 por ciento) estaba colocada en valores de inversión, o acciones. Esta tendencia empezó en 1982 con el mercado alcista de Wall Street y ha continuado desde entonces. Según el Investment Company Institute, para 1977 cuatro de cada diez familias poseía al menos una acción en una sociedad de inversión, y esa proporción ha ido creciendo anualmente. Aquel año alcanzaron un monto promedio de $25,000 por familia, y el 1 por ciento más alto de ellas llegó a un monto promedio de $100,000. De sólo $500 mil millones en activos que poseían en 1985, las sociedades de inversión tienen ahora más de $5 billones.

De ellos, la mitad —es decir, $2.5 billones— estaba en cuentas de capital social invertidas en acciones a largo plazo. De hecho, el flujo anual de nuevos depósitos en fondos de capital social creció de $8 mil millones en 1985 a más de $270 mil millones en 1997.

UN CONSEJO

Preste atención a sus hijos, ya que ellos pueden indicarle en qué compañías invertir. ¿Qué es lo que les gusta? ¿La Pepsi-Cola? ¿Taco Bell? Ambos son propiedad de Pepsi-Co, cuyas acciones tradicionalmente han mostrado un buen desempeño. ¿Les gustan Disney o Nike? También son compañías recomendables para invertir. Seguramente ya captó la idea.

¿Qué nos indica esto? Que los estadunidenses ahora buscan más el crecimiento de sus activos personales a través de capitales sociales, con el objeto de hacer rendir lo más posible sus carteras de inversiones. Déjeme presentarle otra estadística: el número de cuentas en las sociedades de inversión ha tenido un crecimiento notable, pasando de 34 millones en 1985 a más de 150 millones en 1996. Como resultado de ello, el incremento en el patrimonio de las familias estadunidenses ha sido inusitado y ha provocado un cambio muy importante en la manera en que la gente, especialmente los jóvenes, enfoca su situación financiera y sus responsabilidades.

Para darle una idea clara de la importancia de este cambio en las expectativas de los estadunidenses, considere este ejemplo: muchos de ellos ahora opinan que la Seguridad Social —el programa de retiro que brindaba mucha de la seguridad económica a la generación anterior— es una fuente real de erosión y no de generación monetaria. Actualmente, no hacemos las contribuciones salariales por ese rubro para aumentar rápidamente nuestro patrimonio, sino para garantizar los beneficios para la gente que ya los está recibiendo; un sistema "de pago conforme avance". Si pudiéramos aportar el dinero directamente a nuestros propios planes invertidos en acciones, de seguro nos iría mucho mejor.

Entretanto, el gran auge de la actividad bursátil, aunado al hecho de entender que la estructura de la Seguridad Social es más bien como una prisión de dependencia económica, han producido un aumento extraordinario de la información acerca de las inversiones disponibles para los consumidores. Este nuevo culto a la inversión ha creado un flujo interminable de revistas financieras, libros de capacitación (como éste), programas informativos, clubes de inversión, cursos universitarios, sitios en Internet y otros productos más. También ha hecho surgir un experto tras otro, asesores reconocidos, planes rápidos para hacerse rico, planes moderados para hacerse rico y todo un diluvio de información que acaba por confundir a muchos estadunidenses más que despejar sus deudas. También les hace más conscientes de lo que deberían hacer que de lo que realmente están haciendo.

¿En qué situación se encuentran los latinos en todo este asunto?

Una segunda clase de pobreza

Si usted piensa que hasta ahora hemos sido relegados de la cuestión, tiene razón. ¡Y ése es el problema! Mientras el 40 por ciento del total de los estadunidenses han invertido en sociedades de inversión y se han beneficiado de su rápida alza de valor, sólo el 4 por ciento de los latinos lo ha hecho. Quizá algunas personas relacionadas con el sector inversionista crean que esto se debe a los bajos ingresos; que los latinos no tenemos suficiente dinero para hacer esas inversiones. En otras palabras, que la pobreza financiera nos impide entrar a esos mercados.

Pero eso, sencillamente, no puede ser. Como antes le dije, casi el 50 por ciento de las familias latinas en Estados Unidos han alcanzado ya un nivel de ingresos de clase media, y un 20 por ciento más se han hecho realmente ricas, con utilidades familiares de más de $50,000 anuales. Una gran parte de nuestra gente ha tenido éxito, gana más dinero y se siente más confiada respecto al futuro. Ahora bien, como pueblo, necesitamos poner todo ese caudal a trabajar, para convertir esa riqueza naciente en una real y duradera, con el fin de ayudar a nuestros niños y a nuestras comunidades. El reto que enfrentamos es subir a los ascensores financieros de la vida, de modo que nuestro patrimonio empiece a elevarse tan rápido como el de los estadunidenses comunes.

¿Sabe cuál es la clase de pobreza que realmente nos agobia? No es la monetaria, sino la pobreza de información.

¿Cómo hemos llegado a esto? En parte, es nuestra culpa, ya que, como pueblo, no hemos podido desprendernos de la vieja idea de que la riqueza sólo se genera a partir de la posesión de bienes raíces. Pero el sector de los servicios financieros también es parcialmente responsable de esta situación, pues aunque se esfuerza tanto en vender todo lo que puede a quienquiera que tenga dinero, a nosotros, simplemente, nos ha ignorado. Las grandes empresas internacionales de servicios financieros han dirigido durante mucho tiempo sus esfuerzos hacia zonas y clientes potenciales adinerados, con el fin de obtener de ellos grandes cantidades de activos. Durante mucho tiempo, su política ha sido que no tienen por qué gastar tiempo y dinero en un grupo étnico que a fin de cuentas no tiene mucho dinero que invertir. Una vez más, la percepción de que todos somos pobres nos perjudica.

Por fortuna, esto ha empezado a cambiar, pues las compañías de servicios financieros finalmente han empezado a consultar los mismos resultados censuales que otros sectores conocen desde hace años. Por ejemplo, el número de marzo de 1998 de la revista *Hispanic Business* presentó un reportaje especial sobre inversiones monetarias, en el que se resaltaba el creciente interés de las compañías de servicios financieros por la emergente clase media latina como cliente potencial. En este artículo, un ejecutivo de la empresa Charles Schwab afirmó que su compañía considera que las familias latinas en Estados Unidos poseen unos $30 mil millones en ahorros e inversiones. Por desgracia, la mayor parte de ese dinero no está bien invertido, pues lo han montado en lentos ascensores de carga, cuando podrían haberlo subido en los ascensores de alta velocidad de la esfera del crecimiento del sistema financiero estadunidense.

¿Qué implicaciones tiene esto para nosotros? Significa que debemos prepararnos para tomar las decisiones financieras correctas y aprender a obtener de cualquier persona que trate de vendernos algo, toda la información pertinente. El resto del presente capítulo tiene el propósito de servirle como un pequeño manual o introducción al mundo de las inversiones de rápido crecimiento.

Comencemos por el principio, es decir, las cosas mínimas que debe saber:

- Lecciones acerca de lo que ha funcionado en el pasado.

- ¿Por qué enfocarse en el crecimiento? Conozca más sobre los impuestos y la inflación.

- Lo que el pasado nos dice acerca del futuro. Conozca más sobre los riesgos.

- Conozca más sobre las acciones bursátiles, los bonos y las sociedades de inversión.

- Estrategias para la potencialización del crecimiento, incluyendo la distribución de activos y el prorrateo del costo del dólar.

Lecciones del pasado

El pasado puede aleccionarnos sobre ocho normas básicas para invertir en el futuro:

Para inversiones a largo plazo, prefiera las acciones. En casi cualquier periodo de 10 años, las acciones han superado el rendimiento monetario de cualquier otra opción de inversión. Desde 1946, el rédito anual para el Standard and Poor's 500 Index —el mejor indicador de los mercados accionarios de Estados Unidos en general— ha promediado 11 por ciento. Ninguna otra inversión ha tenido un desempeño igual.

La diversificación es esencial si se quiere invertir acer-
tadamente. Poner todos los huevos del proverbio en una sola
canasta está muy bien... a menos que la canasta esté
desfondada. ¿Por qué arriesgarse a colocar todo en un solo
recipiente? Poner todo su dinero en una sola acción es algo
similar. En vez de eso, compre más de una; y mejor: compre
a más compañías en lugar de a una sola. De esa manera
puede reducir el riesgo de que el desempeño de una sola de
ellas pudiera arruinar su plan financiero completo. Y lo ideal
es que distribuya o diversifique sus riesgos entre todos los
tipos de valores, como los bonos, además de las mismas
acciones, con el fin de protegerse mejor contra los cambios
bruscos —o volatilidad— de su cartera de inversiones.

Piense en comprar acciones de sociedades de inversión en vez
de comprar acciones individuales. Más adelante le hablaré de
estas sociedades con más detalle; por ahora, déjeme decirle
que al invertir en estas sociedades obtiene beneficios
inmediatos, como son la diversificación, un manejo profesional del dinero y objetivos de inversión bien definidos.

Ajústese a una estrategia de compra y retención. Tratar de
calibrar el mercado para determinar los momentos de compra y venta oportunos no es algo que le convenga hacer, a
menos que quiera dedicar a ello de 40 a 60 horas semanales,
como lo hacen los administradores de inversiones profesionales. Además, realizar estas transacciones le hará pagar
comisiones por operación. Para demostrarle lo difícil que
puede resultar comprar y vender a corto plazo con el fin de
aumentar sus utilidades, déjeme decirle que si usted hubiera
estado fuera del mercado (por haber vendido todas sus
acciones) durante los mejores 20 días comprendidos entre
1987 y 1997 —es decir, un periodo de diez largos años—,
¡habría perdido 173 por ciento del rendimiento general del
mercado!

Reinvierta sus dividendos. ¿Recuerda cómo funcionan los
intereses capitalizables? Bueno, pues los dividendos de las

acciones funcionan igual. Así que si usted tiene acciones empresariales individuales, deberá reinvertir todas las ganancias que le produzcan, de modo que pueda beneficiarse con su capitalización. Por ejemplo, reinvertir en vez de retirar y gastar los dividendos de una compra inicial de $100 en acciones de S & P 500 generados en los 70 años comprendidos entre 1925 y 1995, habría producido una acumulación total superior a los $130,000.

Siga aportando dinero a sus inversiones. Al invertir de manera regular, así sean pequeñas cantidades, evitará la tentación de un mercado de oportunidad, lo que le permitiría hacer inversiones tanto en los mercados a la alza como a la baja. Recuerde que si sus inversiones son a largo plazo, las bajas a corto plazo son irrelevantes para sus objetivos totales.

Si necesita asesoría, consiga la mejor que pueda. Busque un asesor financiero en quien pueda confiar y cuya filosofía de inversión se ajuste a sus metas. Cuídese de escuchar los consejos de su hermano, primo, cuñado, tío o cualquier otro "asesor" bien intencionado. Tenga cuidado con la "información confidencial" o de que le digan que "no puede perder" en una inversión, porque en estos casos casi siempre sucede lo contrario. Si algo parece demasiado bueno para ser real, casi seguro es una ilusión.

Paciencia, paciencia, paciencia. No está invirtiendo a corto plazo, así que, antes de decidirse, determine cuáles son sus metas, formule un programa y ajústese a él.

Perfil del inversionista

Conocer su personalidad como inversionista le ayudará a crear una cartera de inversiones adecuada a sus necesidades. El siguiente cuestionario le será muy útil para determinar si usted es arriesgado, moderado o conservador.

Califíquese de acuerdo con esta tabla de valores:
   a) = 1 punto
   b) = 2 puntos
   c) = 3 puntos

Para saber qué personalidad le asigna su puntaje, vea los resultados en la página 140.

1. Creo en la suerte.
   a) Definitivamente
   b) Algunas veces
   c) De ninguna manera

2. Me siento bien al tomar mis propias decisiones de inversión.
   a) Algunas veces
   b) Siempre
   c) Nunca

3. Si fuera uno de los cinco finalistas en una rifa de $100,000, preferiría conservar mi boleto y arriesgarme, en vez de venderlo por $15,000.
   a) Sí
   b) Tal vez
   c) No

Perfil del inversionista
(continuación)

4. Creo que la gente que planea cuidadosamente sus inversiones siempre gana.
   a) No
   b) A veces
   c) Sí

5. La inflación crece más rápido que mi salario, y necesito ingresos adicionales. Eso me llevaría a pensar en vender mi CD bancario garantizado para comprar un bono a largo plazo de mayor rendimiento.
   a) Sí
   b) Tal vez
   c) No

6. Si invirtiera en acciones y, un año después de comprarlas, subieran un 50 por ciento, yo:
   a) Compraría más acciones.
   b) Vendería algunas acciones.
   c) Vendería todas mis acciones.

7. Me gusta gastar dinero en casinos, en apuestas de deportes profesionales o en juegos con los amigos.
   a) Siempre
   b) Algunas veces
   c) Nunca

8. Contraería una deuda para hacer una inversión que podría duplicar mi dinero.
   a) Sí
   b) Tal vez
   c) No

UN CONSEJO

Conozca su tasa de rendimiento. Al valor actual de su inversión (el precio de una acción o el valor neto de una sociedad de inversión) réstele el valor que tenía el año anterior; luego divida el resultado entre ese mismo valor del año anterior. El resultado final será el rendimiento anual. Por ejemplo, si su sociedad de inversión valía $10,000 y este año vale $15,000, su rédito es de 50 por ciento ($15,000 - $10,000 ÷ $10,000). Compare sus utilidades con las de S & P 500.

¿Por qué enfocarse en el crecimiento?

Recuerde que en un capítulo anterior examinamos las razones por las que debe incrementar los rendimientos de sus cuentas de ahorros: porque de no hacerlo así, la inflación y los impuestos minarán su patrimonio. Aprendió que lo que sus cuentas realmente ganan es el residuo resultante de restar el costo de sus ahorros a los intereses generados; es decir, intereses menos impuestos. El mismo principio se aplica a todas las inversiones financieras. Para saber cuáles nos convienen más, debemos calcular su rendimiento neto después de restar los costos. A fin de cuentas, la utilidad neta es el dinero que algún día podremos realmente usar para vivir.

La Oficina de Estadísticas Laborales en Washington, D.C., da seguimiento al aumento de precios en los bienes y servicios que todos consumimos de manera cotidiana. Cada mes publica el Índice de Precios al Consumidor (CPI), que los estadunidenses en general toman como un indicador de la tasa de inflación. Durante casi toda la década de los noventa, el CPI ha mantenido una constante de 2 a 4 por ciento, algo aparentemente insignificante. Sé que para quienes recuerdan la inflación de 13 por ciento causada por la crisis petrolera de los años setenta, un 3 por ciento no parece gran cosa. Pero veamos cuánto han cambiado los precios de los productos comunes entre 1986 y 1996, una época de inflación "poquita cosa".

Producto/servicio	Cambio en el precio
Sofás	+ 38%
Carne de res	+ 39%
Renta de vivienda	+ 42%
Huevo	+ 60%
Manzanas	+ 66%
Seguros de auto	+ 94%
Productos de tabaco	+ 94%
Medicamentos	+ 97%
Colegiaturas	+ 128%

Vea lo que ha pasado con los precios de estas cosas que todos compramos en escasos diez años, durante un periodo de carestía relativamente baja. Tomando como referencia el precio del dólar en 1986, aun aquellas que sólo han subido al ritmo de la tasa de inflación son ahora mucho más caras, en tanto que otras tienen precios prohibitivamente elevados. Permítame hacerle una pregunta muy sencilla y luego decida por sí mismo si es importante o no que sus ahorros e inversiones crezcan más que la inflación: ¿le gustaría comprar estos productos a precios de 1996 con el dinero que tenía en 1986?

Para generar suficiente riqueza neta útil para nuestro futuro, debemos superar el obstáculo que la inflación significa para nuestro poder adquisitivo. Además, debemos acabar con el poder erosionador de los impuestos. Éstos no son otra cosa que un cargo, el cual pagamos por el privilegio de vivir en una democracia y compartir los beneficios que un gobierno estable ofrece, como la protección de nuestro patrimonio particular. Sin embargo, estos gravámenes pueden erosionar las utilidades que las inversiones de bajo rendimiento ofrecen. Por ejemplo, si Jesús y Martha invirtieran su dinero a una tasa fija de 8 por ciento y su pago de impuestos cayera en la categoría de 28 por ciento, les quedaría una ganancia de sólo 5.76 por ciento... y de sólo 2.76 después de restar el impuesto silencioso que representa la inflación.

Para esta pareja, la cuestión fundamental es determinar si una tasa de crecimiento real de sus utilidades de 2.76 por ciento anual les producirá las utilidades a largo plazo que luego les permitirán tener el estilo de vida que anhelan. ¿Qué pensaría usted, de hallarse en esa situación? Muy probablemente diría que no, igual que ellos.

Entonces, ¿qué les queda?: las acciones bursátiles. El notable crecimiento de la riqueza de los estadunidenses en los pasados diez años ha sido encabezado por un auge sin precedentes del mercado de valores. Déjeme ofrecerle un contexto que le permita una mejor comprensión de este auge. En 1993, en su libro *The Coming Boom*, Harry Dent predijo que el índice Dow Jones alcanzaría el nivel de los 8,500 puntos en el año 2003, es decir, en diez años; en realidad, por primera vez en la historia, el promedio Dow Jones de 30 acciones industriales superó la marca de los 9,000 puntos en abril de 1998. El mercado accionario ha rebasado incluso los vaticinios de los expertos más optimistas en sólo cinco años.

Y como este crecimiento no tenía precedentes recientes, también resultó atemorizante para algunas personas. En estos últimos años, por primera vez en su vida mucha gente invirtió en acciones, lo que ha llevado a los expertos a preguntarse que hará cuando el crecimiento disminuya o el mercado decline. ¿Se llenará de pánico? Es obvio que debemos revisar el desempeño del mercado accionario en el largo plazo, y reconsiderar el concepto de riesgo en su totalidad.

Lo que el pasado nos dice acerca del futuro. Conozca más sobre los riesgos

La gente coloca su dinero en cuentas bancarias aseguradas por la FDIC por una razón de peso: se supone que en ellas su dinero está "seguro". Pero, ¿a qué nos referimos al decir "seguro" o "garantizado"? En este caso específico, significa que si el banco no pudiera darle su dinero, la Corporación Federal de Seguros de Depósitos lo haría. Usted nunca perderá el valor nominal del dinero que deposite, ni los intereses... si es paciente. ¿Por qué?

Hace poco, durante la crisis de los bancos de ahorros y préstamos, fuimos testigos de lo que el seguro de la FDIC puede significar para nosotros. Cientos de bancos quebraron y dejaron a sus clientes en el aire, al congelar sus cuentas. La FDIC y la Oficina de Arbitraje sobre Depósitos (Resolution Trust Corporation) se esforzaron varios años para lograr la recuperación de las instituciones crediticias. Por fin, a cada depositante afectado se le devolvió su dinero. Al término de su gestión, el rescate bancario costó a los contribuyentes estadunidenses cientos de miles de millones de dólares.

¿Qué enseñanzas nos dejó este caso? Nos demostró que aunque el sistema de seguros de depósitos funciona, lo hace de manera muy distinta de la que la mayoría de los estadunidenses creía. Muchas personas sufrieron el bloqueo hacia su propio dinero y tuvieron que esperar por el pago total; algunas, incluso, tuvieron que esperar más. La garantía de la FDIC resultó ser distinta de nuestra idea común de las aseguradoras como algo abstracto que nos envía dinero por correo, días después de sufrir algún imprevisto. En este caso, la gente no recibió pago alguno al presentar su queja, de ninguna forma.

Entonces, ¿qué podemos esperar de las cuentas bancarias garantizadas?: la promesa de que si el banco quiebra, alguna dependencia del gobierno federal recuperará nuestro dinero... en algún momento del futuro. A cambio de esa "protección", estas cuentas nos hacen asumir el riesgo, mucho mayor, de perder nuestro poder adquisitivo por la inflación. ¿No le parece que es un trato más bien malo?

Veamos ahora el mercado accionario de alto riesgo. Éste no ofrece garantías y cada accionista —o tenedor de acciones— realmente posee una parte de la compañía y, por tanto, comparte las utilidades y pérdidas de la misma; y no, no hay garantías. ¿Cuál es el riesgo que asume el accionista? Pues enfrenta la posibilidad de que el valor de mercado de las acciones de la empresa no sea tan alto como esperaba, bajando en consecuencia el valor de sus participaciones. Lo ideal es que, como compensación a este "riesgo" mayor, las acciones que compremos nos produzcan una tasa de rendimiento mayor que la de las inversiones "seguras".

Pero recuerde que debemos estar conscientes de dos clases de riesgo: la probabilidad de mermas de capital si el valor de nuestras inversiones decrece, y la incertidumbre de disminuir nuestro poder de compra si el rendimiento de nuestros ahorros no se mantiene por encima de la desagradable pareja que forman los impuestos y la inflación. Hablando del riesgo de pérdidas de capital, desde la Segunda Guerra Mundial las acciones bursátiles han tenido utilidades promedio de 11 por ciento anual. Si usted coloca su capital en una sociedad de inversión que le rinda ese mismo porcentaje de beneficio, lo más probable es que, a la larga, su capital no pierda su valor, sino que, más bien, lo duplique cada seis años y medio. Claro que este precepto sólo tendrá validez si toma en cuenta las lecciones del pasado que hemos visto ya.

De otra manera, si coloca su dinero en una cuenta de ahorros común, recibirá la garantía de que su poder adquisitivo se reducirá año con año, como ya vimos en el capítulo 6.

Compare eso con una utilidad probable de 11 por ciento y pregúntese qué riesgo es mayor y tiene más probabilidades de producirle pérdidas.

UN CONSEJO

Los toros y los osos ganan dinero, pero a los puercos los llevan al matadero. Si sus acciones o sociedad de inversión suben 30 por ciento, considere que sería conveniente vender una cuarta parte de su posición.

¿Cómo podemos resumir las lecciones que hemos aprendido? Bueno, es obvio que su capacidad para generar un dinero real y utilizable para el futuro de su familia se deriva de la decisión de invertir en acciones. Por otra parte, depositar la mayoría de su capital en inversiones "seguras" y garantizadas sólo le ofrecerá una certeza: que su dinero valdrá menos cada año. Dígame ahora cómo se siente por haber tenido su dinero en cuentas de ahorros por tanto tiempo.

Ahora podemos seguir analizando los riesgos con mayor claridad. No olvide que hay dos clases de riesgos: el llamado "normal", producto de invertir en acciones no "garantizadas"; y el auténtico, representado por el hecho de no tener suficiente poder adquisitivo para vivir en el futuro. (Quizá en este momento quiera regresar al cuestionario del Perfil del inversionista de las páginas 101 y 102, para determinar su *verdadero* nivel de tolerancia a los riesgos.) Ojalá que esta nueva percepción de lo que son las contingencias le haga avanzar a nuevos campos de riqueza, pues ahora está más dispuesto a afrontar los riesgos de invertir, para poder compensar la certidumbre de la pérdida del poder de compra. Ahora podemos dar respuestas más ciertas a estas preguntas fundamentales:

- ¿Cuál es el riesgo real que enfrentamos en los mercados de inversión?
- ¿Cómo se han comportado esos mercados a lo largo del tiempo? ¿Cuál es su historial?
- ¿Cuál debe ser la estrategia a seguir para potencializar la decisión de generar riqueza?

Comencemos por conocer un precepto básico sobre las acciones bursátiles: las bajas en el mercado son una cuestión natural, por eso no tiene por qué alarmarse ante la posibilidad de que ocurran de vez en cuando, en tanto siga resuelto a conservar sus inversiones a largo plazo. Si lo hace así, podrá superar los tropiezos ocasionales del mercado sin sufrir ningún perjuicio real. Por otra parte, si se deja dominar por el pánico y se pone a vender todo en el peor momento de la baja, perderá por partida doble, pues habrá vendido con pérdidas, y es probable que no vuelva a comprar sino hasta que el mercado esté a la alza, de tal modo que perderá además la utilidad que pudo haber sido suya; sí que estaría mal, ¿no cree? Recuerde: nadie puede predecir los ascensos y descensos del mercado; los caminos de Wall Street no tienen señalización y la mejor manera de perderse es tratar de hacer lo que nadie puede: adivinar.

Ahora veamos una pequeña lección de historia. En los 97 años que abarcan sus registros, el mercado de valores estadunidense ha tenido 322 bajas rutinarias de 5 a 9 por ciento, 107 moderadas de 10 a 14 por ciento, 50 más severas de 15 a 19 por ciento y 29 verdaderamente preocupantes en las que bajó 20 por ciento o más. ¿Qué podemos concluir de esta rápida revisión de Wall Street? Bueno, lo primero es que invertir en acciones es arriesgado, pues si uno vende en el momento equivocado, puede llegar a perder importantes cantidades de dinero. Pero la segunda conclusión es que ¡sólo perdemos dinero si vendemos! Esto es algo que los inversionistas novatos muchas veces no pueden entender. Supongamos que compra una cartera de $10 por acción y luego declina a $5 por acción. ¿Cuánto dinero perdió? ¿$5 por acción? No, no ha perdido nada, a menos que venda a $5 por acción. Si esa inversión es parte de una cartera de largo plazo y usted la conserva a pesar de la baja, nada le habrá sucedido.

¿Y si la inversión sube a $20 por acción? Tampoco debe vender. ¿Ganaría algo? No, pues se aplica la misma regla que acabamos de conocer: mientras prefiera conservar su inversión en vez de venderla, no le reportará ninguna utilidad o pérdida. Si sus acciones suben de valor, simplemente se sentirá mejor; y si bajan de $20 a $15, entonces se sentirá un poco más pobre. Esta clase de movimientos suceden todo el tiempo en el mercado accionario; son algo de lo más común, así que mejor ignórelos y no se preocupe por ellos. No olvide que cuenta con un aliado poderoso, que es el tiempo. La historia nos ha demostrado que cuanto más tiempo conserve una inversión, menos probabilidades tiene de perder.

Conozca más sobre las acciones, los bonos y las sociedades de inversión

Las acciones, bonos y sociedades de inversión representan, cada una, distintas maneras de invertir y tienen sus propias ventajas y desventajas —o riesgos— potenciales.

Comprar en el mercado de valores es como tener un pedazo de pastel

Hablemos primero de las acciones. ¿Qué tal si usted tuviera un delicioso pastelote de frutas y accediera a venderme la mitad? Entonces cada quien tendría una media porción. O más bien, el pastel ahora consistiría en dos partes iguales, y usted y yo seríamos dueños de cada una. La propiedad de una compañía es algo similar. El pastel entero —el acervo de valores de toda la compañía— se divide en porciones o partes iguales, que llamamos más bien acciones o participaciones de capital, porque son porciones del acervo de valores después de deudas. Entonces, ¿de qué porcentaje de la compañía sería usted propietario si comprara, digamos, 1,000 participaciones en ella? Pues depende de cuántas participaciones posean también otras personas. Si la empresa tiene 1,000,000 de acciones en circulación, usted posee 1/1,000, es decir, 0.1 por ciento.

Como accionista, por ende, posee una parte del negocio y, así sea propietario de sólo una acción, recibe un cierto grado de propiedad, derechos y beneficios.

- El derecho de voto para elegir a la junta directiva y para ciertas decisiones de la compañía
- El derecho de recibir su parte de los dividendos, si la empresa decide pagar algunas utilidades
- El derecho de vender su participación sobre cualquier ganancia de capital producto del aumento de valor de las acciones, una vez que se decida a vender
- El derecho de participar de la liquidación (si ésta fuera necesaria) de los activos de la compañía, pero sólo después de pagar a todos los acreedores

Por supuesto, ser propietario también implica algunos riesgos. Por lo que hace a las acciones corporativas, éstos son algunos de ellos:

- Los dividendos y el monto de los mismos no están garantizados.

- El precio de mercado de las acciones fluctúa de manera impredecible.

- Si la compañía quiebra, debe pagarse antes a todos los acreedores que a los accionistas.

Con estos riesgos y beneficios en mente, ¿por qué compra acciones la gente? Porque generalmente suben de valor con el tiempo y al venderlas nos producen utilidades. Por medio de los dividendos, algunas empresas nos pagan algo de sus utilidades, que podemos gastar, si así lo deseamos.

Para propósitos de inversión, las acciones pueden dividirse en cuatro categorías. Debemos ser muy cuidadosos para comprender cuál de ellas se ajusta a nuestro plan financiero global, antes de comprarlas. Cada una de las categorías ofrece ciertas ventajas, pero usted debe tomar en cuenta sus objetivos de inversión antes de decidir cuál comprar. Si quiere lograr un rápido crecimiento y está dispuesto a asumir un gran riesgo, puede comprar acciones de crecimiento o emergentes; si desea rendimientos a largo plazo, menos volátiles, opte por las acciones patrimoniales y las especulativas.

Las cuatro categorías de las acciones de inversión

Acciones de crecimiento. Las compañías en expansión generalmente surgen en sectores e industrias que muestran un rápido crecimiento; algunos ejemplos recientes son la tecnología, la informática, Internet, la venta al menudeo especializada, la farmacéutica y la atención a la salud. Estas acciones muestran un patrón constante de venta y rendimiento crecientes.

Las cuatro categorías
de las acciones de inversión
(continuación)

Acciones patrimoniales. Empresas que ofrecen rendimientos totales mayores que el promedio; tienen un cierto potencial de crecimiento y también pagan dividendos con rendimientos más altos que el promedio.

Acciones especulativas. Compañías cuyas acciones han perdido interés para los inversionistas, aunque esto puede ser sólo temporal. Alguna circunstancia en el sector o en la misma empresa ha provocado que sus acciones pierdan valor en relación con las de otras compañías con la misma actividad.

Acciones emergentes o de baja capitalización. Empresas de reciente fundación, cuyas acciones tienen un historial dinámico y atractivo —quizá registros de un incremento notable en sus réditos— y la percepción de un gran potencial para continuar creciendo posteriormente. En el futuro pudieran llegar a convertirse en las acciones con el nivel de crecimiento más importante.

Una vez que determine cuáles son las acciones que le interesan, debe enterarse de cuál es su desempeño en el mercado. La manera más sencilla de saberlo es consultando un valor de referencia de mercado, como el Promedio Industrial Dow Jones (Dow Jones Industrial Average), del que todos hemos oído hablar. Un valor de referencia es, entonces, un promedio de los resultados obtenidos por varias acciones y nos da una idea de cómo se han comportado recientemente, en general. Una acción en particular puede compararse con el promedio de las acciones del valor de referencia para saber si su desempeño ha sido mejor, similar o peor que el de éstas.

El mismo principio se aplica cuando desee comparar las sociedades de inversión; para saber cómo van debe consultar un valor de referencia.

UN CONSEJO

Si los pedidos de artículos duraderos aumentan durante varios meses seguidos, compre acciones de las compañías que los producen. Un artículo duradero es un producto con una larga vida de exhibición, como los muebles y los automóviles. Si los pedidos bajan o se suspenden, compre acciones a prueba de recesiones, como las de las empresas productoras de alimentos y bebidas.

Únase a los acreedores: compre bonos

Ahora podemos echar un vistazo a los bonos. Poseer un pedazo de pastel accionario no es la única forma de tener posesiones en las compañías estadunidenses, pues también podemos comprar bonos, que son participaciones en la deuda de una empresa. Así que uno puede elegir entre ser propietario de su capital o de sus obligaciones económicas. Pero necesitamos conocer las diferencias entre estas dos opciones.

Cuando usted compra un bono, le presta dinero a una compañía; no es dueño de una parte del pastel, sino que se convierte en uno de los acreedores de la empresa. Generalmente, los préstamos se hacen en montos o denominaciones de $1,000, pues los bonos se venden en múltiplos de esa cantidad, igual que las acciones, por lo regular, se venden en múltiplos de 100. Al comprar un bono, en realidad adquiere dos cosas:

- La promesa de la compañía de devolverle su capital al término de un periodo específico, llamado *fecha de vencimiento*.

- La promesa de la compañía de pagarle una tasa de interés específica —llamada *tasa de cupón* o *rendimiento nominal*— sobre su capital cada tres meses hasta el vencimiento del bono, cuando su préstamo le es devuelto.

Observe que esta inversión difiere significativamente de las acciones, pues éstas tienen un tiempo de vida indefinido, que puede prolongarse en tanto la compañía emisora exista; además, no conllevan la promesa de pagar ningún dividendo.

Tal vez pudiera llegar a pensar que el valor de un bono está garantizado, mientras que el de una acción no lo está, pero ésa sería una conclusión apresurada, pues, hasta la fecha de vencimiento, su valor se determina en el mercado de bonos. Sin embargo, los bonos se valúan en su mercado de manera muy distinta a la forma en que las acciones se valúan en el mercado correspondiente. El mercado de bonos valúa los bonos con base en algo mucho más seguro, que es el rendimiento que ofrecen.

El rendimiento de un bono es algo similar a la tasa de interés, excepto que aquél se basa en el precio de mercado actual del bono, no en el valor del capital principal al vencimiento. Cuanto más largo es el plazo de vencimiento, más grandes son las pérdidas o utilidades potenciales en el pago anual de intereses si la tendencia de las tasas de mercado fuera un poco más a la alza o a la baja. Esto da como resultado que cuanto más prolongado sea el plazo de vencimiento, mayor será la volatilidad del precio del bono.

Por ejemplo, si la tasa de interés del mercado sube y usted tiene un bono para cuyo vencimiento faltan 29 años, puede perder por largo tiempo la diferencia habida entre la tasa actual y el rendimiento nominal. Claro que la tasa de interés del mercado puede volver a bajar en pocos años; es algo que nadie sabe con certeza. Pero las pérdidas o utilidades potenciales en las tasas de interés afectan al tenedor de bonos mientras más lejana esté la fecha de vencimiento, porque esto representa un mayor número de años de pérdidas o utilidades que acumular. Entonces, las utilidades y pérdidas en el precio de los bonos a largo plazo serán mayores que las que tienen una fecha de vencimiento más cercana. ¿Qué enseñanza nos deja todo esto? Que si compra bonos, debe ajustar el tiempo restante para la fecha de vencimiento, de modo que coincida con el momento en que usted crea que necesitará que le devuelvan su capital principal.

UN CONSEJO

Para saber si vale la pena comprar un bono libre de impuestos, divida su rendimiento entre el resultado de 1 menos el porcentaje de su categoría de impuestos; así sabrá cuánto necesita ganar de una inversión imponible para obtener el mismo rédito. Por ejemplo, si un bono municipal libre de impuestos le da un 4 por ciento de rendimiento y usted está en la categoría gravable de 31 por ciento, divida 4 entre 0.69 (la resta de 1 menos 0.31); el resultado es 5.79 por ciento. En este caso, una inversión imponible debe darle un rendimiento superior al 5.79 por ciento, para producirle más utilidades.

¿Qué pasa si la compañía a la que le presta su dinero se ve en problemas? Según la ley estadunidense, las empresas deben pagar a todos sus acreedores antes de que los accionistas reciban algo, lo que significa que si usted fuera tenedor de bonos estaría mucho más seguro que si tuviera acciones de la misma compañía. Aunque, por otra parte, los poseedores de los bonos nunca ganan más interés o capital principal si el negocio marcha bien, en tanto que los accionistas sí. Por consiguiente, cuando de acciones y bonos se trata, hablamos del trueque de riesgos y recompensas.

No obstante, cabe notar que los riesgos son de índole diferente. Los accionistas enfrentan como un riesgo normal y cotidiano la probabilidad de tener pérdidas o utilidades sobre el valor de sus acciones y en el pago de sus dividendos; y, en alguna situación catastrófica, pudieran llegar a perderlo todo. Los tenedores de bonos, por otra parte, enfrentan los riesgos normales originados por los cambios en las tasas de interés en la economía (el riesgo de las tasas de interés). En caso de que la compañía sufriera un derrumbe, ellos enfrentarían un riesgo crediticio, es decir, la probabilidad de que no les pagaran todos sus intereses y su capital principal. Pero su riesgo es mucho menor que el de los accionistas, pues los tenedores de bonos reciben su pago antes que los dueños de las acciones.

UN CONSEJO

Para determinar cuánto de su dinero debe tener en bonos, multiplique su edad por 75 por ciento; si tiene 40 años, por ejemplo, el resultado será de 30 por ciento. Reparta esa cifra entre bonos de sociedades privadas, de la Tesorería y municipales. El resto, inviértalo en acciones.

Ahora ya conoce las diferencias fundamentales entre los mundos de inversión de las acciones y de los bonos, así que podemos pasar a examinar el tercer mundo de las inversiones: el "híbrido" de las sociedades de inversión.

Invierta de manera sencilla con las sociedades de inversión

En un sentido muy realista, las sociedades de inversión son para el reino de las inversiones lo mismo que las plantas híbridas para el reino vegetal, ya que éstas son el resultado del cruce de distintas variedades de una misma planta. El maíz híbrido, por ejemplo, surge de la mezcla de varios tipos de ese cereal. Los agricultores crean esta clase de plantas porque les ofrecen algunas ventajas únicas, como la resistencia a las enfermedades y las plagas, lo que les evita perder sus cosechas. Igual que las plantas individuales, las acciones y los bonos tienen una "vida", dado que viven y crecen en valor. Individualmente, algunas de estas inversiones pueden morir, víctimas del paso del tiempo o de los depredadores, pero otras pueden resistir.

De igual manera, las sociedades de inversión son conjuntos de varios instrumentos de inversión similares, como las acciones, los bonos y otros. Cuando usted compra una sociedad de inversión, compra una porción de la colección total de inversiones, llamada cartera. Así como las plantas híbridas resisten enfermedades destructoras gracias a que llevan en sí los genes de varias clases distintas de plantas individuales, las sociedades de inversión híbridas evitan que usted pierda su capital principal, porque están compuestas por varias compañías con diferentes grados de exposición a los riesgos financieros. Por ende, tanto las plantas como las sociedades de inversión híbridas evitan las pérdidas, porque ambas han sido creadas para hacerlo por ingenieros en genética vegetal, llamados biólogos, o por ingenieros en inversiones, llamados administradores financieros.

Las plantas híbridas también resisten algunos insectos dañinos, porque se les ha preparado para producir ciertas sustancias que los matan. De modo similar, los híbridos del mundo financiero han sido preparados para resistir la mayoría de los insectos que amenazan las inversiones, es decir, la inflación y las catástrofes que pueden afectar a las organizaciones individuales. Ambas cosas son como bichos gigantescos que pueden terminar con las inversiones.

Tal vez ahora comprenda mejor por qué el crecimiento de las sociedades de inversión ha sido tan espectacular en Estados Unidos. Y es que, ¿a quién no le gustaría ese tipo de resistencia a los males financieros?

Conozcamos más a fondo cómo funcionan realmente estas sociedades de inversión híbridas, que bien podríamos definir como organizaciones "serviciales para el usuario". Y es que nos proporcionan una manera sencilla de mancomunar las cantidades relativamente pequeñas de dinero que cada uno tiene para invertir, de tal modo que se cree un caudal común suficientemente grande para comprar muchas, pero de veras muchas clases distintas de acciones o bonos, con más variedad de la que podríamos comprar de manera individual. Además, los administradores financieros de las sociedades de inversión pueden comprar ese surtido de inversiones a un costo mucho más bajo del que nosotros tendríamos que pagar si pudiéramos comprarlas individualmente. Así, adherirse a un capital de inversión común resulta ser mucho más económico y eficiente que invertir por nuestra cuenta. Cuando compramos en una sociedad de inversión, cada uno de nosotros compra un número de acciones de la cartera total, propiedad de la sociedad de inversión. Estas acciones tienen varias de las mismas características que las de las acciones comunes individuales de las compañías, excepto que los riesgos que implica su posesión en este caso se distribuyen entre varias empresas. De modo que una participación en una sociedad de inversión lo convierte en copropietario —o propietario indirecto— o acreedor de cientos, quizá miles, de compañías individuales.

Así como hay muchas plantas híbridas distintas, también hay diferentes sociedades de inversión, pero ambas cosas pueden clasificarse en unos cuantos tipos básicos. Una de las maneras más elementales de clasificación de las sociedades de inversión se basa en la naturaleza de las acciones que adquiere al comprarlas. Algunas reciben el nombre de compañías de inversión abierta, porque no ponen ningún límite al número de acciones que venden a sus inversionistas. Obviamente, el otro tipo básico de clasificación es el de las sociedades de inversión cerrada, porque sólo cuentan con un número fijo de acciones disponibles para su venta. La mayoría de estas sociedades, sin embargo, son de inversión abierta. Ahora veremos la razón.

Las compañías de inversión abierta pueden tener un número ilimitado de acciones de propiedad, que cambia diariamente, dependiendo de las nuevas compras de acciones y la amortización de las existentes que el fondo recompra. Tanto el número de las acciones como su precio cambian día con día. Este precio es determinado por el valor del activo neto (NAV, *net asset value*) de cada acción. Para establecer el NAV diario, los administradores del fondo dividen el valor total del día para la cartera de activos entre el número de acciones en circulación. Por ejemplo, si la Sociedad de Inversión Éxito tiene $10 millones en activos totales, obligaciones por $1 millón y 100,000 acciones en circulación, su NAV sería:

$$(\$10M - \$1M) = \$9M \div 100 \text{ K} = \$90 \text{ NAV por acción}$$

Las compañías de inversión cerrada, en cambio, sólo ofrecen un número fijo de participaciones de una sola vez y, ya que las venden todas, no ponen más a la venta. Las acciones de estas sociedades se negocian en los mercados de valores, igual que las acciones regulares, y su valor se determina de acuerdo con las leyes de la oferta y la demanda del mercado, igual que sucede con las acciones regulares, no por cálculos del NAV.

¿Por qué comprar sociedades de inversión?

Las sociedades de inversión ofrecen a los pequeños inversionistas un conjunto muy particular de características y beneficios. Hemos de aceptar que casi todos deseamos las grandes recompensas que se pueden obtener por la posesión de acciones, pero no tenemos el tiempo ni la capacitación requeridas para hacer directamente nuestras propias inversiones en los mercados accionarios. Para ello se necesita establecer concienzudamente los objetivos de inversión, hacer análisis profundos y dar un seguimiento muy cuidadoso a la cartera de inversiones, lo que representa un trabajo de tiempo completo, que deben realizar personas con experiencia y conocimientos. Aun así, deberá estar consciente de que es muy difícil tener mejores resultados que el promedio cotidiano del mercado. Y si esto no fuera suficiente limitante, la mayoría de nosotros simplemente no cuenta con el dinero necesario para comprar las acciones suficientes para gozar de todos los beneficios de una cartera de inversiones diversificadas que distribuya los riesgos entre muchas compañías. De tal forma, las sociedades de inversión tienen tanta demanda por la sencilla razón de que fueron creadas específicamente para satisfacer las necesidades de los pequeños inversionistas individuales. Veamos las ventajas que nos ofrecen:

Administración profesional. Las sociedades de inversión son dirigidas por administradores de inversiones profesionales que trabajan diligentemente para alcanzar los objetivos mancomunados de los accionistas, personas como usted y yo.

Objetivos claramente definidos. Cada sociedad tiene un objetivo de inversión bien articulado, lo que nos ayuda a decidir si es el adecuado para nuestras necesidades particulares. Algunos, por ejemplo, tienen como propósito potencializar la apreciación —o revaluación— del capital por medio de inversiones en compañías con un desempeño no muy bueno, pero que tienen posibilidades de mejorar en el futuro. Estas sociedades pueden ser adecuadas para quienes buscan invertir su dinero a largo plazo para poder costear la educación universitaria de sus hijos o para su retiro.

Diversificación. Ésta es una de las principales características de todas las sociedades. Las carteras diversificadas nos permiten tener acceso a los beneficios surgidos de distribuir el dinero entre muchas compañías con distintos tipos de activos. Eso reduce el daño que nos produce que los activos de una empresa o industria estén dando malos rendimientos.

Conveniencia. Las sociedades de inversión son, por mucho, la forma más sencilla de comprar, poseer o vender carteras de inversiones diversificadas; de hecho, para la mayoría de nosotros son la única manera práctica de hacerlo. Todas las personas deberían ocupar su tiempo en hacer lo que más les gusta y hacen mejor; y es muy probable que eso no sea invertir en acciones y bonos. Por otra parte, si usted cree poseer el raro talento necesario para manejar inversiones, quizá debiera hacer de ello una carrera. De otra manera, lo mejor es recurrir a las sociedades de inversión por intermedio de alguna compañía comercializadora de planes 401(K), comprándolas por teléfono a los comercializadores directos como la empresa Schwab and Vanguard, o vía Internet.

Liquidez. Al momento de invertir, casi todos tenemos en mente saber si nuestro dinero nos puede ser devuelto de manera rápida y en efectivo. Pues bien, la mayoría de las sociedades de inversión permiten hacer la amortización de las acciones por teléfono, la expedición de cheques, y cuentan con planes de retiros automáticos. Así, el acceso al dinero es casi instantáneo.

Bajo costo. Las sociedades de inversión resultan considerablemente menos costosas que la compra directa de algunas de las acciones de referencia (o subyacentes). Al hacer la compra con ellas, de hecho, adquirimos cientos de miles de activos de referencia; además, la mayoría de estas sociedades nos permiten hacer transferencias monetarias entre sus distintos fondos sin hacernos ningún cargo adicional. Seguramente ha oído con frecuencia que "no hay nada gratis", pero en este caso sí que lo hay.

¿Cómo se gana dinero con una sociedad de inversión?

Las personas que no conocen las sociedades de inversión con frecuencia se hacen esta pregunta, así que pasemos a analizar la respuesta.

Utilidades de capital. Siempre que los administradores de la sociedad venden una acción o título para obtener un beneficio monetario, reciben lo que se llama ganancia de capital, cuyo total debe distribuirse entre los accionistas en el lapso de un año.

Ingreso. Las carteras de una sociedad de inversión pueden estar constituidas por inversiones que producen un flujo de ingresos provenientes del pago de los dividendos de las acciones y de los intereses de los bonos. Usted puede recibir su porción correspondiente de estos ingresos en efectivo o puede reinvertirlos para comprar acciones adicionales en la sociedad.

Utilidades en NAV. Si los administradores de la sociedad hacen bien su trabajo de invertir por usted, el NAV de sus acciones subirá, debido al aumento en los valores de los activos de referencia de la cartera del fondo. Cuando esto sucede, sus acciones suben de valor, pero tal vez tenga que pagar un impuesto sobre sus utilidades de capital al momento de venderlas.

¡Ahí viene el recaudador de impuestos!

Esto nos remite a una cuestión poco placentera. ¿No sería maravilloso que pudiéramos conservar todos los fabulosos dividendos y utilidades de capital que obtenemos de las inversiones en las sociedades de inversión? Claro que sí, pero no podemos hacerlo, porque las autoridades federales, estatales y municipales querrán su parte; lo siento mucho. Cuando sus inversiones tienen éxito y la sociedad le entrega sus dividendos y utilidades de capital, aparecen unas cosas desagradables llamadas utilidades gravables, que automáticamente crean un impuesto para usted. Incluso, las mismas actividades de los administradores de estas sociedades de inversión que le benefician también crean un conjunto de gravámenes complicado y difícil de calcular.

Las cargas impositivas sobre los dividendos y las utilidades de capital serán más fáciles de entender. Al principio de cada año, su sociedad de inversión le envía una forma 1099-DIV en la que le informa de los ingresos que sus acciones le produjeron el año anterior. *Incluso si no recibió estas utilidades*, sino que se le reinvirtieron en la sociedad de manera automática, tendrá que pagar un gravamen sobre ellas. Al hacer su declaración personal de impuestos deberá usar la información contenida en la forma 1099-DIV. Reportar las utilidades y pérdidas de capital resultantes de la venta de sus acciones en una sociedad de inversión puede resultar muy delicado. Pudo haberlas comprado en distintas ocasiones y a precios diferentes, por lo que tendría un sinnúmero de estados de cuenta que revisar para establecer las cantidades que pagó por ellas. Muchas sociedades de inversión le facilitan esta tarea al proporcionarle el precio promedio que pagó por todas en un periodo determinado.

La gente con frecuencia se queda literalmente pasmada por el monto de los impuestos que debe pagar sobre las utilidades de sus sociedades de inversión. Esto es así porque las compañías de inversión funcionan como lo que podríamos llamar "supercapitalizadores". Repase las ideas del capítulo 2, acerca de los ascensores financieros. Recuerde que le hablé de que algunos de ellos le hacen aumentar su patrimonio con mucha mayor rapidez que otros, porque le rinden tasas de interés capitalizable que dejan muy atrás las que producen los instrumentos de ahorro como los CD bancarios. Y es que, para empezar, los réditos que capitalizan son mucho mayores, además de que la capitalización se da de manera continua, no trimestral o mensualmente.

¿Qué clase de sociedad debo comprar?

Con toda razón, los estadunidenses se confunden en el momento de decidir qué sociedad de inversión deben comprar, ya que existen más de ocho mil distintas para escoger. Usted puede estar en esta situación.

Pues déjeme decirle que ya dio el primer paso. Recuerde que hizo un ejercicio para determinar su nivel de tolerancia a los riesgos (el cuestionario de riesgos que aparece en el apéndice); además, se esforzó para definir sus objetivos de inversión personales, sean los estudios de sus hijos, su retiro personal, la compra de una casa o alguna otra cosa. Ahora es el momento de decidir qué sociedad de inversión le ayudará a alcanzarlos con un grado de riesgo que no le quite el sueño.

¿Sabía que...?

Si quiere dormir con toda tranquilidad cada noche sin tener que preocuparse por tomar nunca más una decisión respecto a inversiones, compre una sociedad de inversión que ofrezca un rendimiento similar al índice S & P 500. Alrededor del 90 por ciento de todas las sociedades rinde menos que las acciones del S & P 500, así que comprar una que muestre un comportamiento similar a este índice le permitirá una gran diversificación y le garantizará que su desempeño será mejor que los de aquellas sociedades que se rezagan respecto al índice.

Examinemos con detenimiento las tres clasificaciones principales de sociedades de inversión.

Fondos de acciones

Se dividen en seis categorías básicas:

Los fondos de crecimiento acelerado buscan que su desarrollo se refleje en su valor por medio de carteras que se especializan en compañías pequeñas y de reciente creación que en el futuro pudieran tener un gran desarrollo, pero que actualmente pagan muy poco o nada de dividendos.

Los *fondos de crecimiento* son carteras de acciones de empresas bien establecidas que han crecido más rápidamente que otras en el pasado. Estas inversiones prometen un desarrollo más moderado y estable que las de crecimiento acelerado, y hasta cierto punto dan un poco más de preponderancia a los ingresos por dividendos.

Los *fondos de crecimiento e ingresos* procuran un balance entre el crecimiento del capital y las utilidades que los anteriores. Su cartera contiene acciones de compañías en desarrollo y acciones que pagan dividendos más altos que el promedio, como las de las empresas de servicios públicos y las preferentes, que ofrecen réditos similares a los de los bonos.

Los *fondos indizados*. Los administradores de estas sociedades de inversión compran una variedad de acciones que reflejan el desempeño del mercado general. Debido a ello, sus rendimientos son muy similares a los del mercado accionario, ni mejores, ni peores, sino como el promedio. Si usted no confía en la habilidad de los administradores de los fondos de crecimiento para superar al mercado de manera consistente, puede comprar uno de estos bonos, con la certeza de que al menos le irá tan bien como al resto de las acciones.

Los *fondos mundiales* invierten en acciones o compañías ubicadas en muchas partes del mundo, incluyendo a Estados Unidos, pero no limitándose a este país. Por lo general, su objetivo es el crecimiento del capital a largo plazo.

Los *fondos internacionales* se diferencian de los anteriores en que no cuentan con ninguna inversión en Estados Unidos. Implican más expectativas de crecimiento futuro que los anteriores, pero también presentan una mayor inestabilidad y riesgo actuales.

Fondos de bonos

Se dividen en cuatro categorías básicas:

Los *fondos de bonos empresariales* tienen como objetivo principal invertir en instrumentos de deuda de las compañías estadunidenses más importantes, con el fin de obtener altos ingresos corrientes para los accionistas.

La regla del 72

¿Recuerda la regla del 72 del capítulo 2? Es una manera sencilla de calcular en cuánto tiempo duplicará su dinero a una tasa de interés determinada. He aquí cómo funciona: divida 72 entre el porcentaje de utilidades que espera obtener de una inversión. Por ejemplo, a una tasa de 10 por ciento, le tomaría 7.2 años (72 ÷ 10 = 7.2). De la misma manera, a 18 por ciento serían cuatro años y a 36 por ciento, dos años.

Los *fondos de bonos municipales* son inversiones emitidas por las municipalidades, es decir, las ciudades y poblaciones. Cuentan con la ventaja única de ofrecer utilidades totalmente libres de impuestos, aunque, en consecuencia, sus rendimientos son más bajos. Por lo general, las personas que están dentro de las categorías más altas de impuestos al ingreso y desean ingresos corrientes muestran preferencia por estos bonos.

Los *fondos de bonos del gobierno de Estados Unidos* invierten en una amplia variedad de valores de la federación, por lo que distribuyen el riesgo de la volatilidad de las tasas de interés entre los precios de las acciones. Estos instrumentos atraen a inversionistas como los jubilados, que buscan un ingreso corriente razonable y un riesgo minimizado de pérdidas de capital. Sus utilidades están libres de gravámenes federales.

Los *fondos de bonos mundiales* invierten en emisiones de deuda de compañías estadunidenses y de países extranjeros. Estas carteras de inversión ofrecen utilidades de capital un poco más altas, pero también sus riesgos son ligeramente mayores.

Fondos del mercado de dinero

Como vimos en el capítulo 6, estas inversiones le ofrecen algunas formas de aumentar los réditos de sus ahorros, que ahora examinaremos con más detalle.

Los *fondos del mercado de dinero imponibles* invierten en valores a corto plazo de alta calidad, como los CD, los pagarés de la Tesorería a corto plazo y las obligaciones corporativas. Ofrecen utilidades mayores que las de las formas tradicionales de ahorro y riesgos muy moderados. Sus dividendos están sujetos a impuestos.

Los *fondos del mercado de dinero libres de impuestos* sólo invierten en valores que están exentos de gravámenes federales, así como de los estatales, en algunos casos. Cuentan con atractivos similares a los de los fondos de bonos municipales.

¿Con cargo o sin cargo?

Además del gran número de fondos para escoger, también la cuestión de las "cargas" es algo que causa mucha confusión entre las personas. En su aspecto más fundamental, se refiere a la forma en que una sociedad de inversión paga los costos generados por vender sus productos. Una "carga" sólo es un término confuso para una comisión por venta. Así, por ejemplo, si usted compra una sociedad de inversión por intermediación de algún agente de ventas, como un representante registrado, un agente de valores o un representante bancario, deberá pagar sus honorarios, es decir, el cargo por venta o "carga". Si lo paga en el momento de realizar la inversión, se denomina cargo por venta anticipado y su costo es de 3 a 5 por ciento de la cantidad total que se invierte. Sin embargo, estos honorarios en ocasiones pueden pagarse al momento que usted vende las acciones o en el transcurso de un periodo determinado, generalmente de cinco a siete años; en este caso, reciben el nombre de cargo por venta diferido.

La respuesta a la interrogante de si debiéramos comprar una sociedad de inversión con o sin cargo por venta es sencilla. Comencemos por conocer las razones que nos llevarían a comprarla por intermedio de un asesor financiero al que habría que pagar los honorarios por este servicio. A cambio de recibir algo valioso de su parte, nosotros le pagaremos un porcentaje de la cantidad que invirtamos, del 2 al 5 por ciento, generalmente. Para ganarse este pago, la persona que trabaje para usted debe realizar lo siguiente:

- Ayudarle a lograr una comprensión exhaustiva de su situación personal y económica; es decir, ayudarle a pensar con claridad

- Ayudarle a establecer sus metas y objetivos financieros
- Determinar su actitud ante los riesgos
- Darle a conocer las opciones disponibles que le ayudarán a lograr sus objetivos particulares
- Ofrecerle ideas específicas para alcanzar sus metas y explicarle las razones que hacen de una sociedad de inversión en particular la elección adecuada para usted
- Darle un servicio y comunicación continuos en relación con sus necesidades de inversión

Para este momento ya se habrá dado cuenta de que recurrir a un agente por honorarios o por comisión es una decisión muy personal que habrá de tomar basándose en su propia experiencia, conocimiento y tiempo disponible para analizar las opciones; además, deberá tomar en cuenta si se siente mejor trabajando con el asesor o sin él. Si decide contratar uno, elija alguien en quien pueda confiar, que no le haga sentir incómodo y que le inspire respeto.

Si considera que no necesita la clase de beneficios resultantes de la relación personal con un asesor financiero, entonces piense en comprar sus acciones directamente en una sociedad de inversión "sin cargo". Estas compañías representan una valiosa fuente de adquisición de los productos de las sociedades de inversión y de asesoría respecto de cuáles comprar, de allí que resulten atractivas para quienes gustan de realizar sus propias inversiones.

Al paso del tiempo, el mercado accionario de las sociedades de inversión libres de cargos ha sido más o menos constante, con un 40 por ciento del total de las inversiones. Eso me indica que un número considerable de estadunidenses piensa que los servicios de un asesor financiero profesional bien valen el cargo de 2 al 5 por ciento que hacen sobre las inversiones. Recuerde que un buen vendedor siempre agrega valor a cualquier producto que usted compre, al ayudarle a precisar sus necesidades y sugerirle la elección que mejor se ajuste a ellas.

Sin importar si compra un fondo con cargo o sin cargo, su inversión generará algunos gastos relacionados con su operación, los cuales deben asentarse por escrito en su prospecto, el documento que por ley el vendedor debe entregarle antes de analizar conjuntamente la sociedad. Este cuadernillo le proporciona la información más relevante sobre los objetivos de inversión del fondo, su administración, sus honorarios y costos, el desempeño que ha mostrado a lo largo de los años y sus derechos como accionista. En la parte correspondiente a los honorarios encontrará una categoría denominada cargos por manejo, o administrativos, que son las cuotas que se pagan por los gastos del fondo. Éstos pueden variar de apenas 0.5 por ciento en el caso de los fondos indizados libres de cargos hasta el 2.25 por ciento para los fondos con cargo del mercado emergente. Sus montos se pueden calcular tomando como base el total de activos del fondo; y siempre le cobrarán lo justo.

La información comparativa detallada respecto de los cargos que imponen muchas de las sociedades de inversión aparece en una gran cantidad de fuentes, incluyendo las revistas sobre finanzas personales e Internet. Morningstar, organización que investiga a las sociedades de inversión y da seguimiento a su desempeño, tiene un sitio en la Web (morningstar.net.com) que clasifica las más importantes por categorías; y su información también incluye los honorarios y cargos. Al evaluar los gastos de la sociedad, compárelos con los del promedio de su categoría respectiva; si son más bajos, eso significa que su sociedad de inversión se maneja mejor en ese aspecto que casi todas las demás, lo cual redunda en beneficio de sus usuarios, o sea, usted.

Las sociedades de inversión también pueden cobrar cargos adicionales que se usan para pagar costos de promoción y marketing, llamados honorarios 12b-1. Estas cuotas anuales cubren los costos de los esfuerzos continuos de la sociedad para promover las ventas, y también se determinan como un porcentaje del total de activos de la sociedad; su monto final incluye una parte que se paga a los intermediarios y asesores por las cuentas que colocan. Igual que el resto de los cargos, los honorarios 12b-1 están registrados en el prospecto de cada sociedad de inversión.

Y ahora, las últimas recomendaciones

En este capítulo, hasta ahora, hemos examinado cuatro de los aspectos que como mínimo debe saber respecto del mundo de las inversiones de rápido crecimiento, es decir, lo que ha funcionado en el pasado, por qué debe enfocarse en el crecimiento, lo que el pasado le dice respecto al futuro y una mayor comprensión de las acciones, los bonos y las sociedades de inversión. Lo único que le queda por hacer es conocer las mejores estrategias para realmente potencializar el crecimiento de su patrimonio personal.

Cómo usar las sociedades de inversión

Entre tantas sociedades disponibles, ¿cuáles son las adecuadas para usted? ¿Cuáles se ajustan a sus objetivos de inversión? ¿Cuáles debería comprar? Tomando en cuenta que para este momento ya debe conocer su nivel de tolerancia a los riesgos y sus objetivos de inversión, la pregunta es: ¿cómo puedo combinar ambos aspectos con los distintos tipos de sociedades?

Considero que la respuesta está en la asignación de activos. Déjeme explicarle que esta estrategia de inversión

Considero que la respuesta está en la asignación de activos. Déjeme explicarle que esta estrategia de inversión es, en esencia, la repartición de su dinero entre distintas clases o tipos de activos, como pueden ser el dinero en efectivo, las acciones, los bonos y otras formas de inversión. Grandes e importantes inversionistas la han usado durante años para lograr utilidades superiores. Ahora, esta herramienta puede ser suya y ayudarle a determinar la mejor ubicación de su dinero conforme a sus consideraciones de riesgos.

¿Qué es la asignación de activos?

Si echa un vistazo a su armario, seguramente verá que tiene una amplia variedad de atuendos, tanto formales como informales. Es un vestuario que le costó tiempo y dinero reunir. Ahora analice su armario de inversiones. Tal vez tenga unos cuantos trajes intercambiables, representados por varias sociedades de inversión; o quizá sólo tenga una gran prenda: dinero en efectivo. O tal vez todo sea un gran desorden y no sepa ni qué es lo que tiene.

Existe una forma de diseñar un guardarropa de activos justo a su medida, dependiendo de sus metas y de la condición de los mercados financieros. Se trata de un organizador de las adquisiciones financieras que resuelve los problemas de almacenaje, y se le conoce como asignación de activos. Quizá sus posesiones sean acciones o bonos de compañías nacionales o extranjeras, dinero en efectivo, bienes raíces o metales preciosos; la clave entonces es determinar sus objetivos financieros, hacer un estimado de su valor neto y distribuirlo entre varias inversiones, algunas seguras y otras riesgosas, pero que ofrecen utilidades de manera más inmediata. Si consigue diversificarse de esta manera, quedará bien protegido contra los cambios que la economía provoca en cualquiera de los mercados. Los porcentajes de los valores que coloque en cada categoría deben ajustarse a sus objetivos, su edad, las cantidades que ha acumulado y los cambios que presentan los mercados financieros. Su tarea consiste en asegurarse de que esos porcentajes de asignación sean siempre los adecuados para usted.

¿Qué es la asignación de activos?
(continuación)

Así, esto pasa a ser el mayor problema, pues para que una colocación de activos ideal siga siéndolo, los porcentajes deben reequilibrarse, lo cual no es tan sencillo como parece. Digamos, por ejemplo, que cuenta con una cartera de inversiones de $100,000, colocados de la siguiente manera: 70 por ciento —$70,000— en acciones y 30 por ciento —$30,000— en bonos; entonces, el mercado accionario sube y su inversión de $70,000 ahora vale $94,000, pero sus bonos permanecen estables y siguen valiendo $30,000. El valor total de su portafolios es ya de $124,000. Si deseara conservar su porcentaje ideal, tendría que vender algunas acciones y agregar unos $7,000 a sus bonos, pero, ¿estaría dispuesto a hacerlo? Resulta difícil vender una inversión que está produciendo dinero y comprar más de una que no avanza. Se requiere de una gran disciplina para seguir con los porcentajes de colocación adecuados, especialmente en los mercados que presentan cambios continuos; otro factor que complica el asunto, en algunos casos, son los pagos de impuestos cada vez que se compran o venden valores. (No olvide que si tiene cuentas de inversión con impuestos diferidos, no tiene por qué preocuparse por cuestiones de gravámenes. En general, puede reequilibrar libremente sus cuentas no imponibles, pero al realizar operaciones con las imponibles, siempre deben tomarse en cuenta los gravámenes que se puedan generar.) Además, al realizar compras o vender inversiones de su cartera también debe considerar los gastos de operación. Todo ello podría implicar tener que remover su armario financiero, pero en realidad usted debe limpiarlo con regularidad, igual que lo hace con su guardarropa.

La asignación de activos ha probado ser una técnica provechosa, en tanto el inversionista tolere la actividad y cuide permanentemente sus porcentajes de inversión. Si usted no está tan interesado en ello como para realizarlo, otra buena estrategia es comprar sociedades de inversión de crecimiento y de capitalización, pues también le ofrecen algunos de los beneficios de la asignación de activos, si bien en forma indirecta. O bien, puede comprar una sociedad en serie de asignación de activos, que cuente con objetivos de asignación específicos. Recuerde que si su inversión

---

¿Qué es la asignación de activos?
(continuación)

está en una sociedad, pero no es una cuenta para el retiro, las utilidades que genere pasarán directamente a usted (y tendrá que pagar impuestos por ellas).

¿Vale la pena la asignación de activos? Sí, siempre y cuando se mantenga al tanto de lo que tiene en el armario.

¿Es útil? Yo le diría que sí, en grado sumo. De acuerdo con algunos estudios académicos, esta estrategia determina más del 90 por ciento del desempeño de cualquier cartera de inversiones. ¿Recuerda lo que le dije páginas atrás respecto a la tentación de tratar de coordinar sus inversiones con las condiciones del mercado, para beneficiarse de una información confidencial? Bueno, pues los estudios sobre la asignación de valores han mostrado con claridad que estudiar dichas condiciones del mercado tiene poca relevancia en cuanto a los resultados generales de una cartera.

Usted puede tener acceso a complejos planes de asignaciones de valores por diferentes medios. Cualquier asesor profesional cuenta con programas de cómputo especializados que pueden diseñar una cartera basándose en su percepción de los riesgos y su situación económica particular. Las sociedades de inversión, por su parte, ofrecen una asistencia directa, bien sea con documentos impresos o con programas de cómputo diseñados para el inversionista individual.

Una vez que haya decidido la manera de asignar sus inversiones, deberá decidir cómo comprará realmente acciones en las sociedades de inversión. Muchos inversionistas lo hacen con dinero en efectivo de otras fuentes, como cuentas bancarias o de sociedades del mercado de dinero. En ese caso, puede comprar acciones en cada uno de los fondos elegidos en cantidades iguales a los porcentajes de colocación que haya decidido. Por ejemplo, tal vez haya decidido poner 50 por ciento de su inversión en un fondo de crecimiento acelerado, 25 por ciento en fondos balanceados, 10 por ciento en fondos internacionales y 15 por ciento en fondos de ingresos; podría entonces expedir un cheque para cada caso, de $1,000 cuando menos.

Si apenas empieza a realizar inversiones y no tiene reunida esa suma tan grande, no se preocupe, las sociedades de inversión han ideado un proceso para facilitarle la operación. Y es que aunque la mayoría de ellas requieren esa cantidad como inversión mínima para iniciar un fondo, casi todas, también, reducen el primer pago a $100, si usted se compromete con un programa mensual que realice deducciones automáticas de su cuenta de cheques. De esta manera, el grueso de la gente puede iniciarse en las inversiones de sociedades de inversión sin tener que desembolsar mucho dinero; por supuesto, resulta una manera conveniente de comenzar. Conforme su balance crezca a su favor, podrá empezar a colocar sus activos en los diferentes fondos que ofrece su sociedad de inversión. ¡Y entonces ya estará en el negocio del crecimiento!

El flujo mensual de dólares hacia su sociedad de inversión también le permitirá servirse de una segunda estrategia de inversión: promediar costos en valores, lo que significa sencillamente formarse el hábito de realizar pagos iguales a una cuenta de inversión a intervalos regulares, sin importar el precio pagado por cada acción. Vea los beneficios que se reciben por seguir una costumbre tan sencilla:

- Comprar a precios diversos reduce el precio promedio que usted paga, porque de este modo

no intenta determinar el momento preciso para
invertir.

- Puede ser que al final tenga más participaciones
  en su cuenta, y más activos, por haber comprado
  acciones a precios más bajos.

Dé seguimiento a su dinero

Supongamos que ahora es ya un accionista de una sociedad
de inversión. ¿Cómo hará para dar seguimiento al desempeño de sus acciones? Si ha hecho apenas su primera
compra, es muy probable que esté tan emocionado que se
ponga a revisar los periódicos todos los días, para ver el
precio vigente de su fondo. Pues bien, hágalo y diviértase,
pero déjeme advertirle que no debe convertir esto en un
hábito. Tenga en mente que su objetivo primario es la generación de riqueza a largo plazo; no compró en la sociedad
para tratar de aprovechar las condiciones del mercado (eso
espero), sino que diseñó un plan en el cual las sociedades
de inversión juegan un papel definido. Y no necesitará su
dinero pronto; se sirvió de una estrategia de colocación de
activos para distribuirlo en las sociedades adecuadas. Así
que ahora siéntese y relájese. Siga depositando un poco
más de dinero cada periodo de pago y manténgase al tanto
de sus resultados de manera regular, pero anual, usando
para ello las siguientes herramientas:

- Los reportes trimestrales y anuales de la
  compañía de inversión
- Los análisis anuales que hacen los periódicos y
  revistas acerca del desempeño de las sociedades
  de inversión
- El periódico *Wall Street Journal*

- La guía *Morningstar*, que se puede encontrar en las bibliotecas
- Su asesor profesional

UN CONSEJO

Si se pone a revisar a diario los precios de las acciones, bonos y sociedades de inversión, su visión de largo plazo se enturbiará, así que mejor hágalo sólo una vez al mes, si acaso.

Algunas medidas finales para potencializar el crecimiento

Revise el estado de sus inversiones con frecuencia; una vez al año sería ideal. Analice su plan de retiro empresarial y cualquier otra cuenta para el retiro que posea y pregúntese si están produciendo lo que debieran.

Pregúntese también cuánto sabe de inversiones y los productos para realizarlas. Comprométase a capacitarse, con el propósito de reconocer mejor las oportunidades y trampas potenciales que conllevan. Lea las revistas y libros, tome cursos, pregunte a su asesor financiero, consulte la World Wide Web. Responsabilícese de estar al tanto de su futuro económico.

Decida de manera consciente el siguiente paso en su programa de acumulación de riqueza personal. ¿Qué hará el próximo año? ¿Realmente necesita la ayuda de un asesor y pagar sus honorarios o comisión? ¿Considera que sabe lo suficiente como para manejar sus inversiones por sí solo? Tome usted las decisiones y no permita que las circunstancias lo hagan.

Repase sus metas de generación de riqueza y pregúntese si podrá alcanzarlas al ritmo de producción que tiene su dinero o si podrían hacerlo rendir más.

Establezca su nivel actual de tolerancia a los riesgos; tal vez ahora los soporte un poco más que cuando empezó a invertir. Quizá sería conveniente que consultara a su asesor financiero o que usted mismo reevaluara su resistencia. Los nuevos resultados pueden indicarle la manera más eficaz de invertir su dinero.

Analice las sociedades que usted o su asesor seleccionó inicialmente. Lea sus prospectos y repase los objetivos que le llevaron a comprar cada uno de ellos. ¿Le parece que están rindiendo buenas utilidades?

¿Sabía que...?

Promediar costos en valores es distribuir una cantidad fija de dólares por un número regular y fijo de periodos. Supongamos, por ejemplo, que ha generado una reserva de dinero en efectivo de $100,000. El mercado baja por tres meses y usted está preparado; luego se estabiliza y usted supone que lo peor ya pasó. Entonces considera que tal vez pase un año antes de que vuelva a cobrar ímpetu, o tal vez 20 meses. En consecuencia, lo que debe hacer es dividir sus $100,000 entre 20 y comprar cada mes las acciones o sociedades que sea posible con los $5,000 resultantes. Con esa cantidad podrá comprar más cuando el mercado esté a la baja y menos cuando esté a la alza. El resultado neto que se busca es hacer más eficaz la fluctuación y asumir una posición al costo más bajo posible (a menos que conozca el secreto de dónde están todos los precios más bajos). No importa si los periodos escogidos son semanales, mensuales o trimestrales, ni la cantidad que use para comprar cada vez; lo que importa es la regularidad, que traerá como consecuencia la eficacia. Tampoco tiene relevancia que el tiempo que calculó haya terminado ya; sea largo o corto, usted estará en la envidiable posición de aprovechar el fortalecimiento futuro resultante.

En resumen, invierta una cantidad fija en la misma sociedad cada mes. Cuando los precios sean bajos, comprará más acciones y cuando sean altos, comprará menos; también puede hacer lo mismo con los valores. En ambos casos, esta estrategia reduce el precio promedio de sus acciones, y no tendrá por qué tratar de hacerse sensible al mercado, que es algo que ni siquiera los expertos hacen particularmente bien.

Use la estrategia de asignación de activos para invertir o reinvertir su dinero en las sociedades más apropiadas, de acuerdo con sus objetivos generales.

Use la estrategia de promediar costos en dólares como una manera sistemática de hacer nuevas inversiones cada mes, como una manera económica de continuar su ascenso hacia la independencia económica.

Al menos una vez al año, estudie el desempeño de su cartera de inversiones, ya sea por su cuenta o con ayuda de su asesor. Compare los resultados de sus sociedades contra los de los valores de referencia adecuados. Analice con cuidado los cambios que considere podrían resultar convenientes en sus inversiones.

Y sea paciente... muy paciente.

Perfil del inversionista

Resultados

Total de puntos:

8-12	=	muy alto nivel de tolerancia a los riesgos
13-18	=	alto nivel de tolerancia a los riesgos
19	=	moderado nivel de tolerancia a los riesgos
20 o más	=	bajo nivel de tolerancia a los riesgos

Una calificación de 8 a 12 puntos lo ubica como un inversionista arriesgado; de 13 a 18, como moderado; y de 20 a 24, como conservador.

Parte tres

ESTRATEGIAS DEL
CICLO DE VIDA
PARA INCREMENTAR
EL CAPITAL DE LOS LATINOS

Los ciclos de la vida nos conducen a través de retos cambiantes y decisiones difíciles. Durante cada década de nuestra existencia, o bien nos enfrentamos a esos retos o, de lo contrario, nos alejamos cada vez más de los senderos hacia el logro y el éxito. Nadie puede imponernos los objetivos de vida por los que debemos luchar; eso siempre será prerrogativa nuestra. En Estados Unidos, todos poseemos el derecho fundamental de elegir nuestras metas; se nos ha otorgado una libertad valiosa, si es que estamos dispuestos a aceptarla.

La planificación económica no puede decirle nada acerca de las opciones para lograr sus objetivos; eso seguirá siendo su soberana decisión. Sin embargo, sí puede ayudarle a generar los recursos para alcanzarlos. Decidir viajar de Nueva York a San Francisco le servirá de poco si no tiene el dinero para pagar su pasaje aéreo. En esta parte 3 de *Sí se puede tener éxito* lo ubicamos en el momento que está viviendo. Cualesquiera que sean los objetivos que se ha propuesto en el presente para su ciclo general, las estrategias para la creación práctica de riqueza pueden impulsarlo hacia el éxito deseado.

El método del ciclo de vida nos permite ubicarlo en su situación presente. ¿Cuáles son las circunstancias actuales que está enfrentando? ¿Está por graduarse de la universidad e inicia su primer trabajo serio? ¿Cómo se las está arreglando para administrar su dinero personalmente? ¿Está ahorrando para comprar su primera casa o un automóvil nuevo? ¿Y sus ahorros para los estudios universitarios? ¿En realidad le costará $200,000 enviar a su hijo o hija a una buena universidad? ¿De dónde obtendrá esa suma? ¿Está encargado de mantener a sus padres u otros familiares de edad avanzada? ¿Está por retirarse en un futuro no muy lejano? ¿Ha trabajado toda su vida y el pánico lo invade cuando se da cuenta de que ya no se puede fiar sólo de los ingresos de su trabajo para seguir adelante? ¿Qué debe hacer para aumentar al máximo sus ingresos de retiro? ¿Cuánto es realmente lo que necesita? ¿Qué es mejor, un IRA* normal o un Roth IRA**?

Muchas preguntas como ésta surgen tan sólo para preocuparnos, sin importar la edad que tengamos; por lo general, tememos incluso planteárnoslas, quizá porque muchas veces buscamos las peores respuestas. Pero la verdad es que una vez que nos formulamos las preguntas correctas, las respuestas ya no resultan tan temibles. Como latinos, tenemos algunas ventajas enormes; la laboriosidad, por ejemplo, nos permite superar obstáculos, sin importar la edad a la que hayamos llegado. Pero también somos, por mucho, un pueblo joven, lo cual quiere decir que muchos de nosotros tenemos el lujo del tiempo de nuestro lado. Fácilmente podemos tener éxito en el proceso de creación de riqueza personal si nos planteamos ahora mismo las preguntas correctas, en vez de desperdiciar nuestro futuro al retrasarnos. Debemos aprovechar en el presente el tiempo que se nos ha dado; recuerde que el mañana sólo existe en el calendario de los tontos. ¡*Adelante!*

*Fondo estadunidense para el retiro
**Fondo estadunidense para el retiro para personas que perciben menos de $100,000 al año

Capítulo 8

GENERE RIQUEZA DESDE LOS VEINTE AÑOS

No hay garantías

El tiempo perdido no se recupera jamás.

De alguna manera, las cosas parecían mucho más seguras para mi generación, los que ahora tenemos cuarenta y tantos años, cuando vivíamos nuestros veinte. Quizá veíamos menos oportunidades, pero también menos amenazas ante nuestro bienestar futuro. Hoy en día, cuando hablo con veinteañeros, la sensación apabullante de lo que me comunican se resume en una frase de tres palabras: no hay garantías.

¿Qué ha cambiado tanto durante los últimos veinte o treinta años? En parte creo que han sido sus *aspiraciones*. Los latinos jóvenes del presente tienen muchas más opciones para hacer una gran diferencia en sus vidas y en las de sus seres queridos; en una medida mucho mayor, los desafíos los rodean con todas sus potenciales recompensas. Por otro lado, se espera mucho más de ellos, y no hay garantías de un resultado positivo. El buen manejo del inglés es más importante que nunca, aunque saber español también tiene sus grandes recompensas. Una educación excelente importa más que nunca; un número cada vez mayor de nuestros jóvenes se ubica dentro del rango de los graduados universitarios. Esto adquiere más importancia año con año; una educación profesional les proporciona un inicio de lo más seguro en el sendero que lleva al éxito personal y la creación de un capital. Si usted no tiene una educación universitaria, empezará a preocuparse sobre cómo esa circunstancia le puede afectar. En todo caso, es necesario que inicie la vida adulta.

Eso significa encontrar la vía correcta para iniciar una carrera y el trabajo apropiado para ello; significa hacer todo lo que de usted se espera, y más. Tal vez deba continuar estudiando, regresar a la escuela, o estudiar una maestría; aprender nuevas habilidades, establecer nuevos contactos, desarrollar relaciones con gente que le asesore y guíe a lo largo de su trayectoria. No, no es una ruta fácil para viajar; en el mundo supercompetitivo en que vivimos, cada paso que damos puede parecer lleno de peligro. No hay garantías. Desde luego, esto resulta cierto cuando se nos pide que nos hagamos cargo de nuestras propias vidas, sin permitir que alguien más lo haga por nosotros. Es el precio de la libertad humana y cuando se le enfrenta por primera vez, puede ser altamente atemorizante.

Pero éste no es un libro para la planeación de una carrera. Una vez que se haya decidido por el camino de una profesión y haya obtenido su primer trabajo auténtico, ¿después qué?,

¿qué sigue? De pronto se verá abrumado con opciones y percibirá un salario fijo, quizá más dinero del que jamás antes haya ganado. ¡Un milagro! Lo festejará hasta que le lleguen las primeras cuentas que serán mayores de lo que jamás se haya imaginado en la vida. Desgraciadamente para usted, en su universidad no se impartió un curso sobre economía personal, o quizá no le interesó tomarlo. De repente deberá responsabilizarse por lo que parece ser un millón de decisiones, pequeñas y grandes, que le impactan justo en el momento en que debe poner su vida en orden. Entre otras, se incluyen:

- Pagar una renta
- Decidir la compra de un auto
- Pagos de cuenta telefónica, de electricidad y cable (cosas que jamás pensó que existían)
- Pagos de préstamos escolares, quizá
- Pagos a las cuentas de tarjetas de crédito que tan fácilmente elevó
- Compra de ropa para el trabajo, a un costo que le impacta; aumento del balance de la tarjeta de crédito
- Pago del transporte al trabajo
- Compra de alimentos y un millar de imprevistos
- Pago de impuestos; cuando percibía mucho menos, no tenía que preocuparse de esto
- Pago de un seguro; antes no tenía nada que asegurar, así que esto no le preocupaba
- Salir a algún sitio, a divertirse
- Ahorrar algo para casos de emergencia

Cuando uno obtiene su primer sueldo, siente que le "pegó al gordo"; después, todos esos adeudos comienzan a llegarle y la realidad lo golpea como la descarga de un rayo. Se convierte uno tan sólo en una cuenta temporal de dinero, que conserva hasta el momento en que debe firmar cheques para saldar sus adeudos. Si usted se encuentra en esta situación, entonces esta sección del libro le será muy útil. ¿Cómo puede poner su vida económica bajo control, para así dirigir sus esfuerzos hacia donde se necesitan, es decir, con la familia, la educación, la carrera y su comunidad?

Anteponga su futuro a todo: páguese a sí mismo primero

Lo primero es lo primero. ¿Por qué parece que paga deudas de tal manera que usted es siempre el último en ser recompensado? Como seguramente ha descubierto ya, la persona que es remunerada al último por lo general no es remunerada del todo, porque el dinero se acaba. Así que, ¿por qué no pagarse a sí mismo antes que a nadie? Esto significa comenzar a ahorrar algo para su futuro, engrasar la bomba del mecanismo para la creación de un patrimonio personal. De otra forma, verá pasar los años mientras paga primero a otros; sus utilidades se incremen-tarán cada año, pero también las deudas que debe pagar. Y continuará quedando tablas, o peor aún, las cuentas de su tarjeta de crédito se acumularán.

UN CONSEJO

Las compañías de tarjetas de crédito desean que usted pague sólo el mínimo de su balance mensual; pero hacer esto lo mantendrá endeudado por siempre. Añada una cantidad adicional cada mes, aunque sean sólo $10.

Desde luego, nadie lo obliga a tomar ventaja de su mayor bien; tiene la libertad de elección, por lo menos hasta que la camisa de fuerza crediticia comience a incomodarlo. ¿Cuál es su mayor bien? Su propia habilidad para pagarse a sí mismo primero y luego ver cómo sus bienes crecen. Tal vez se pregunte si no podría esperar hasta ser mayor o hasta tener compromisos familiares, como serían el cónyuge, los hijos o una hipoteca. Sí puede. Y después, sencillamente verá que tendrá que pagar a más gente, antes de poder pagarse a sí mismo, así que ésa no es una buena solución. La única salida responsable para el problema es pagarse a sí mismo primero desde ahora. Permítame mostrarle la diferencia.

Suponga que a la edad de 22 años los ahorros de sus sueldos y regalos suman $2,000, cantidad que ha ido acumulando en una libreta de ahorros, y conscientemente la invierte a una tasa de interés del 10 por ciento anual. (Esto no representa una gran utilidad, sino sólo un poco menos de lo que el mercado de valores ha promediado en los últimos 15 años.) ¿Qué sucede cuando se paga a sí mismo primero, en vez de gastarlo en algo que no es esencial en su vida? Bueno, en ocho años, para cuando cumpla 30, tendrá un poco más de $4,000 ahorrados, suficientes para ayudarse a cubrir los gastos de una boda, de su primera casa, el nacimiento de su primer hijo; o puede mantener esta suma invertida. Para cuando tenga unos 45 años y un hijo en edad de ingresar a la universidad, habrá ahorrado $15,000 para cubrir los gastos iniciales de su educación; no es suficiente, pero le basta para empezar. En cambio, si destinó esos $2,000 para el tiempo de su retiro, a la edad de 65 años habrá acumulado ¡$120,000! Si por anticipado decidiera ser un poco más arriesgado en sus inversiones y éstas le rindieran un promedio de 14 por ciento, obtendría $35,000 para la educación universitaria de su hijo, o bien, ¡$410,000 para su retiro! Si se efectúa con suficiente anticipación, una inversión única relativamente pequeña puede cubrir lo que de otra manera sería un gran obstáculo infranqueable en el futuro.

Ahora veamos qué pasaría con esa inversión inicial de $2,000 si se hiciera el compromiso de pagarse primero la misma cantidad de $2,000 al año (alrededor del 8 por ciento de un salario anual inicial de $25,000). ¿Qué sucedería en ese caso? Supongamos que su inversión le rindiera una tasa anual del 10 por ciento anual; para cuando cumpliera 65 años, tendría $1.3 millones ahorrados; si lo invirtiera con un rendimiento del 14 por ciento anual, obtendría más de $3 millones.

Supongamos ahora que su salario se incrementara con el tiempo en un modesto 2 por ciento anual, por lo que podría invertir un poco más cada año. Con un rendimiento de 10 por ciento, para cuando se retirara, habría obtenido más de $2 millones. Desde luego que tendría que pagar impuestos durante todo ese tiempo y quizá deseara utilizar algo de ese dinero para adquirir una casa y pagar una educación universitaria. Pero el punto fundamental es éste: si *comienza a ahorrar el 8 por ciento de sus ingresos con suficiente anticipación, ¡siempre tendrá dinero para todo aquello que desee para usted y los suyos!*

¿Qué ha pensado sobre tener una casa más grande para cuando llegue a la edad madura? ¿O respecto de la universidad para sus hijos? Estas cosas parecen más reales y más inmediatas que el retiro: ¿cómo se las arreglará para pagarlas? La respuesta, de nuevo, es comenzar ahora que es todavía joven, no después, cuando ya sea demasiado tarde. Esto significa que debe pagarse a sí mismo primero y después economizar para pagar a los demás. Le sorprenderá lo bien que funciona esta fórmula; y si no está seguro de cómo aplicarla, consulte los capítulos 3 y 4 para que le sirvan de guía.

Veamos esta cuestión desde otra perspectiva. ¿Le atrae el prospecto de volverse millonario? ¿Le emociona? ¿Qué tal la idea de independizarse económicamente, y hacer lo que quiera cuando quiera? Si estas posibilidades le atraen, puede lograrlas, sólo se requieren un plan y una disciplina estricta para mantenerse apegado al mismo. Pero, ¿cómo iniciar esta empresa?

Determine su situación actual. Así es como todo comienza. ¿Cuáles son los ingresos y egresos en efectivo que ahora tiene? Quizá esté ganando $20,000, $25,000 o incluso $30,000 al año. Ésta es la cantidad bruta, pero, ¿cuánto le queda después de pagar sus impuestos? Depende de dónde viva, ya sea en un estado de alta recaudación como Nueva York o California, o en uno de recaudación baja, como Florida o Texas. Pagará un impuesto federal sobre la renta de alrededor de un 28 por ciento, quizá un impuesto estatal sobre la renta de entre 5 y 7 por ciento, e incluso un impuesto municipal sobre la renta si habita en una ciudad como Nueva York. Añada después el impuesto sobre nómina (FICA) de un 6.5 por ciento y el 1.65 por ciento para Medicare. Ahora, ¿para quién cree que trabaja? En realidad aquel maravilloso salario inicial de $25,000 anuales se reduce a tan sólo unos $1,200 o $1,400 mensuales que se lleva a casa.

UN CONSEJO

Al adquirir una casa, investigue el distrito escolar, pues los valores de reventa son mejores en los distritos escolares altamente cotizados.

Ahora, ¿cuáles son sus egresos? Aquí es donde el plan de gastos del capítulo 4 nos es de utilidad, ya que sin él podría ser imposible identificar a qué destina sus ingresos. Digamos que su relación se ve más o menos así:

Renta	$350
Servicios públicos	$75
Comida	$300
Transporte	$100
Préstamos para estudios	$150
Abonos a la tarjeta	$75
Seguro del auto	$100
Paseos	$200

Hasta aquí llevamos $1,350 de gastos mensuales, y no hemos incluido cosas como las primas de seguro médico (si es que la empresa para la cual trabaja no las paga), mensualidades del auto —si es que compra uno—, vacaciones, ropa, cursos adicionales y gastos menores como lavandería, tintorería y dentista; ¿ahorrar dinero?, bueno, eso parece un sueño lejano. A no ser que viva como un ermitaño, o no coma, o duerma en el parque, ¿qué otra respuesta puede haber? Veamos.

Como ya ha aprendido en el capítulo 3, en el que vimos la creación de un plan de gastos, *el beneficio de saber a qué destina su dinero es tener la libertad de tomar decisiones sobre cómo gastarlo* y buscar métodos alternativos para cumplir con sus necesidades diarias. Veamos como muestra el costo de su vivienda. En nuestro ejemplo, utilicé $350 para renta; si vive en San Antonio o en Tucson, esa cantidad le puede procurar un apartamento de una recámara en buenas condiciones, pero en Nueva York no encontrará nada que se le asemeje. Los planes individuales de gastos, entonces, son afectados por el costo de vida en general del área en la que vive. Si vive en una zona donde $350 le procuran un lugar digno que habitar, una forma de disminuir sus gastos será compartir esa renta con alguien más, lo que no sólo le ahorra dinero del alquiler, sino que le permite ahorrar costos en servicios, comida y transporte (si tiene la posibilidad de compartir automóviles).

¿Sabe en qué se va el dinero más fácilmente? En alimentos, en especial si come en restaurantes; sin embargo, al aplicar un plan de gastos puede determinar con exactitud cuánto desea gastar en comidas, antes de gastarlo. Quizá no pueda salir a divertirse seis o siete veces por semana y aún llevar a cabo otras cosas que desea, así que habrá que enfrentar la realidad y recortar tres o cuatro salidas por la noche. La clave para manejar esta situación es *saber exactamente cuánto gasta ahora,* de manera que adquiera la libertad para tomar decisiones sobre lo que gastará en el futuro. Una inversión en unos buenos libros culinarios, algunos utensilios de cocina y algo de tiempo le permitirán ocupar su dinero en otras cosas, incluso quizá en un plan de ahorro para mejores días en su futuro.

Una vez que usted es autosuficiente, es probable que las tarjetas de crédito, los pagos mensuales del auto y de los préstamos escolares absorban sus ingresos más de lo que pensaba. Para saber cómo eliminar sus deudas, puede referirse al capítulo 5. Algunos puntos clave que debería recordar son:

Si tiene varios préstamos para estudios, su institución crediticia puede ofrecerle un programa especial para la consolidación de préstamos, con el fin de reducir sus pagos mensuales.

Si tiene una tarjeta de crédito con alta tasa de interés (19 por ciento), busque ofertas con intereses más bajos.

Procure reducir los gastos impulsivos por medio de la disciplina de un plan de gastos. ¿Realmente necesita ese suéter, disco compacto o par de zapatos? Recuerde hacerse siempre las preguntas doradas: *¿Realmente necesito esto o deseo aquello? ¿Podré esperar a obtenerlo después?*

Una vez que tenga sus gastos controlados, puede empezar a crear su riqueza futura. Así puede iniciar.

¿Sabía que...?

A paso lento y constante —y anticipado— se gana la carrera de la jubilación. Una encuesta nacional hecha a 1,200 trabajadores mostró que casi la mitad de ellos había ahorrado menos de $10,000 para el retiro. La muestra incluía un 30 por ciento de personas cerca de la edad de jubilación, entre 51 y 61 años, y un 40 por ciento de personas de la generación posterior a la Segunda Guerra Mundial, de entre 33 y 50 años. Cuando se les preguntó por qué no habían ahorrado más, un 68 por ciento dijo que pudo haberlo hecho si se hubiera esforzado más.

Ahorrar no es algo natural para los estadunidenses y la jubilación no es nuestra única preocupación económica; tenemos que considerar los gastos diarios fijos, la hipoteca sobre la propiedad y el costo de los estudios universitarios. Por eso es importante comenzar a ahorrar para el retiro y otras metas en la vida con mucha anticipación. Iniciar pronto y apegarse a un plan de ahorro constante puede hacer la gran diferencia en el valor de sus inversiones a largo plazo.

Primer paso

Usted puede elegir distintas maneras de ahorrar e invertir su dinero, pero los primeros pasos que dé serán determinados en gran medida por su situación particular. ¿La compañía para la que trabaja le ofrece un plan para el retiro? Si es así, todo lo que debe hacer es participar en el mismo en cuanto sea elegible. O, ¿la compañía para la que trabaja le ofrece un plan 401(k) o una Pensión Simplificada para el Empleado (SEP: Simplified Employee Pension)? Entonces será elegible para participar con el 15 por ciento de su sueldo y hasta la cantidad de $10,000 *an-*

tes del pago de impuestos (consulte el capítulo 10 para más detalles). Sus contribuciones se efectúan por medio de una reducción nominal en su salario, de manera que ni siquiera verá la cantidad incluida en su cheque mensual y se evitará la tentación de hacerse trampa a sí mismo.

Además de ofrecer estos planes, la empresa puede ayudarle con sus contribuciones para motivar el ahorro entre los trabajadores. Su empleador puede ayudarle con el 2, 3, 4 o 5 por ciento de la contribución de usted, hasta un punto máximo determinado. *Dicho apoyo le significa dinero adicional,* así que deberá aportar al menos el mínimo necesario para que su compañía efectúe el mayor pago posible en apoyo a sus contribuciones. Por ejemplo, si su salario es de $28,000 y su compañía le ofrece un plan 401(k), usted puede aportar hasta un 15 por ciento de esa cantidad, es decir, $4,200 al año, y si su compañía provee un apoyo del 4 por ciento, estará adicionando a su cuenta $1,120 al año. Esto le representa $5,220 anuales. Incluso, si no puede cubrir el 15 por ciento, por lo menos deberá aportar lo suficiente para calificar para el máximo ofrecido por la empresa, que en este ejemplo es el 4 por ciento; recuerde que el apoyo que le otorgue su compañía es dinero adicional para usted. Aunque pague el mínimo para obtener el máximo de apoyo de fondos de su compañía, las contribuciones sumarán la cantidad total de $2,240 anuales.

Si esto le parece poco, recuerde cómo funcionan los elevadores financieros capitalizables en la vida: para cuando cumpla 65 años, sus $2,240 anuales, a una tasa del 10 por ciento capitalizable anual, excederán los $1.2 millones. Su contribución resulta en $15.50 semanales después de impuestos. ¿Puede usted permitirse invertir $15.50 a la semana para convertirse en millonario? La cuestión más relevante es ésta: *¿Podría usted no permitírselo? ¡El primer paso de su plan de creación de riqueza es pagarse a sí mismo primero $15.50 dólares semanales!*

Segundo paso

Hablemos de la nueva generación hoy en día veinteañera; son la nueva generación de latinos que enfrenta todo un nuevo conjunto de aspectos, obstáculos y oportunidades en la vida, que ninguna otra había conocido. Un número increíble de nuevas opciones nos espera; los retos de vivir una vida en el siglo XXI son muy reales. El segundo paso a seguir implica que usted se prepare para tomar ventaja de todas esas oportunidades en cuanto se vayan presentando.

Las carreras de hoy se tornan menos estables, y las del futuro serán aún más inestables. Los cambios constantes en la tecnología y las comunicaciones han creado un crecimiento tremendo de nuevos empleos, oportunidades profesionales y esfuerzos empresariales comerciales. Los latinos debemos continuar desarrollando nuestras habilidades, conocimientos y experiencia para mantenernos a la par de los constantes cambios. Esto significa continuar invirtiendo en el desarrollo personal, en el "capital humano" como lo denominan los economistas. ¿Cuánto capital humano posee usted? ¿Ha invertido lo suficiente en sí mismo? Un buen *primer paso* es obtener una licenciatura, aunque es tan sólo el inicio. Posiblemente su interés particular por una carrera no requiera más, pero no se estanque ahí. Con todos los cambios que se están dando, mantener sus conocimientos al corriente es sólo lo mínimo que puede hacer; lo idóneo es que se ubique siempre un paso adelante. He aquí algunas ideas para lograrlo:

- Obtenga una maestría.
- Aprenda computación.
- Desarrolle nuevas habilidades de comunicación.
- Desarrolle técnicas de oratoria y confianza en su habilidad para hablar en público.

- Participe como voluntario en trabajos caritativos, con el fin de desarrollar nuevas experiencias y crear nuevos contactos.

- Aprenda un tercer idioma.

- Lea libros y revistas relativos al área de su interés profesional.

- Participe en organizaciones y asociaciones de profesionales.

- Búsquese un mentor, alguien mayor, una persona con experiencia en su profesión que lo guíe.

¿Sabía que...?

HispanData, subsidiaria de la compañía Hispanic Business, es una base de datos de bolsa de trabajo que enlaza a corporaciones como IBM, Amoco, GTE, Nike, Time Inc., Kraft y la Cervecería Miller con profesionales hispanoparlantes y con otras personas con experiencia en el mercado latino. El servicio vincula a empresarios y empleados. Para informarse sobre cómo ser miembro de esta bolsa, llame al 805-682-5843, extensión 800, o consulte la Red tecleando: www.hispanicdata.com.

Recuerde que tiene un largo camino por recorrer y que le esperan oportunidades ilimitadas, si las puede vislumbrar y se prepara para aprovecharlas. Puede que sólo reciba una oportunidad para probarse a sí mismo y sobresalir del resto, así que esté preparado. No deje de estudiar y piense que el estudio es un proceso para toda la vida. El desarrollo personal será el requisito básico para una vida exitosa en el nuevo milenio. ¡Continúe instruyéndose!

Capítulo 9

LA UNIVERSIDAD...
EL SUEÑO POSIBLE

¿Sueño imposible? ¡Gran Mentira!

Al hombre que sabe a dónde va, se le abre el camino.

Para alcanzar el éxito económico, debemos enfrentar la verdad sobre la universidad, sobre los niveles superiores de educación y el resultante que adquirimos: *la universidad no es un sueño imposible*, sino una meta fácilmente alcanzable para cualquier latino joven, sea mujer u hombre. Jamás se permita aceptar la gran mentira de que usted o sus hijos no son lo suficientemente competentes o ricos para lograr un nivel universitario. La verdad es que no sólo puede lograrlo, sino que debe hacerlo por su bien y el de los suyos.

No siempre ha sido así. Muchos de los lectores de este libro son los primeros egresados universitarios de su familia; han logrado algo que no era fácilmente alcanzable para sus padres. Y recordarán los sacrificios que éstos hicieron para pagar el costo de sus estudios, trabajando en uno o dos empleos mientras estaban en la escuela, y luchando por lograr algún tipo de apoyo económico. No fue sencillo; las cosas buenas de la vida nunca lo son.

UN CONSEJO

Haga que sus hijos ahorren para ayudar a pagar sus estudios, aunque tengan sólo seis o siete años. Muchos bancos ofrecen "cuentas de ahorro infantiles", que estimulan este hábito en los niños. Si ya saben escribir su nombre, pueden abrir una "libreta de ahorros" conjunta con alguno de sus padres. Este tipo de cuenta no necesita tener un saldo mínimo y no cobra ningún cargo por servicio; además, produce intereses y hace llegar balances mensuales al usuario para que conozca el estado de sus depósitos y réditos, cosa que a los niños les encanta.

Otros no se habrán recibido; pero tengo la seguridad de que usted está determinado a que sus hijos obtengan la oportunidad de mejorar sus condiciones de vida. Y algunos de los lectores mayores de este libro se preguntarán si no es muy tarde para ellos; por fortuna, no. ¿Sabía usted que en Estados Unidos más de la mitad de los servicios educativos se dirigen a adultos que sobrepasan la edad común? Nadie que aún pueda trabajar es demasiado viejo para adquirir una formación universitaria. Antes, los maestros de pelo cano eran los que impartían clases a niños y adolescentes, y esto sucede todavía, claro está, pero hoy en día en el país, hay muchos maestros jóvenes que imparten clases a adultos con pelo cano. No importa la edad que usted tenga, todavía lo puede lograr. ¡*Sí se puede*!

Ya nos hemos ocupado de la Gran Mentira, ahora veamos el Gran Obstáculo.

Saltar el Gran Obstáculo

A partir del trato con mis clientes latinos, he visto que hay una gran animadversión hacia el reto que significa el pago de las colegiaturas universitarias y que hay gente que llega a la angustia extrema cuando se plantea cómo pagarlas. A la par con los planes para el retiro, el financiamiento para una educación universitaria se ha vuelto el reto económico más grande en la vida de muchos latinos. Creo que como pueblo hemos llegado al punto en que la Gran Mentira de que no somos lo suficientemente buenos para asistir a la universidad ha dejado de ser un problema. El problema ahora es el Gran Obstáculo de no poder solventar su costo, porque eso es sólo para gente más rica que nosotros. Enfrentemos entonces el Gran Obstáculo.

Pienso que muchos de nosotros vivimos temerosos del sector de los servicios financieros y suponemos cosas como que no estamos a la altura de lo que nos vayan a decir; que no otorgan préstamos a los latinos y nuestros hijos no podrán ir a la universidad porque no ahorramos lo suficiente, o porque no empezamos a ahorrar por anticipado. Todos estos temores *emocionales* nublan nuestro entendimiento. Y las compañías de servicios financieros no han sido de gran ayuda, pues tradicionalmente nos han ignorado; y además, por lo regular comercializan sus productos con base en el temor y los sentimientos de culpabilidad. Todo esto es lamentable, porque una empresa de este tipo puede ser de gran ayuda para lograr los objetivos educativos. Veamos cómo.

UN CONSEJO

Vaya a la universidad con sus hijos. Los padres inscritos en seis cursos para un programa de licenciatura pueden ser considerados estudiantes de tiempo completo. Y cuantos más miembros de la familia sean considerados estudiantes de tiempo completo, más oportunidades hay de que se les otorgue apoyo económico.

Primero, ¿cómo ven los expertos el reto de financiar los costos universitarios?

Casi todas las estrategias de mercado utilizadas por las compañías de servicios financieros están basadas en el temor y la culpa y delinean un cuadro irreal de cómo se financia realmente la educación superior.

Un plan bien diseñado, hecho con paciencia y la investigación apropiada puede eliminar la confusión y el temor asociados con esos gastos.

Sea realista: la familia promedio de clase media no será capaz de ahorrar lo suficiente para cubrir todos los gastos universitarios, en especial si más de uno de sus miembros desea ir a la universidad. También se tendrá que emplear el dinero de un préstamo y de su salario y no hay nada malo en ello.

Una educación superior que prepare a los latinos para el siglo XXI puede ser solventada, pero para ello debemos lograr un entendimiento realista del concepto de "valor" y del uso de los múltiples recursos financieros.

Hasta aquí con la propuesta en general; ahora comencemos desde el principio. El financiamiento de los estudios universitarios no debería iniciar desde el punto que la mayoría de la gente piensa: pagando una cuenta extraordinaria de colegiatura. En vez de eso, debería comenzarse debidamente, con la *determinación del valor* y la evaluación de las opciones. ¿Qué quiero decir? Demos un vistazo a un viejo adagio de la bolsa de valores: se hace dinero al comprar, no al vender. Lo que este viejo dicho significa es que si adquiere un bien —acciones, bonos, inmuebles, educación universitaria— tan sólo obtendrá dinero sobre él si lo adquiere a un precio razonable; si paga demasiado al comprarlo, ¿cómo espera obtener una ganancia al venderlo? Verá que si paga demasiado no obtendrá el *valor* suficiente por el dinero que desembolse, así que nadie querrá pagarle tanto al momento en que quiera vender.

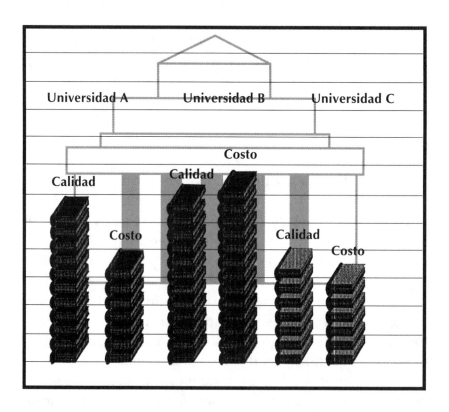

Valor se define como la excelencia o calidad de un producto en relación con su precio. Cuando decimos que hemos obtenido un gran valor al adquirir algo, esto significa que su excelencia o calidad en relación con su costo es elevada, comparada con la de otros productos que pudimos haber adquirido. Para poder entender esto, pensemos que cada producto tiene una columna de calidad y otra de costo; cuanto más alta sea la primera en relación con la segunda, mejor será el valor del producto. En la gráfica anterior, ¿cuál universidad le ofrece el mejor valor? ¿Diría que es la universidad A? Su calidad no es tan buena como la de la universidad B, pero su precio es más bajo. De manera similar, la universidad C ofrece un precio bajo, pero también ofrece una calidad baja. El valor es importante.

Pienso que todos intuitivamente entendemos la idea del valor, que es *relativo* a la calidad y el precio de cada elección que hacemos cuando efectuamos una compra. El valor representa el valor *para mí*. Cuando estamos en el supermercado nos cuestionamos lo siguiente: ¿será que el mayor valor y el alto costo del nombre de la marca de un producto nos da más por nuestro dinero que el producto de marca libre? La mayoría de nosotros así lo piensa, por lo que compramos el producto de marca. Claro que existe un peligro en la estrategia del nombre de la marca: puede llevarnos a pensar que el alto costo necesariamente significa alta calidad, pero a veces un alto costo no significa un *valor añadido para mí*. Cuando buscamos adquirir una educación universitaria esto nos puede acarrear una confusión que parece hacernos perder el sentido común. Permítanme explicarlo con más detalle.

Elegir una universidad se ha convertido en una de las decisiones más complicadas que cualquiera de nosotros pueda enfrentar. Obviamente, tomamos en consideración la ubicación, el tamaño, los recursos, la reputación, las ofertas de cursos, maestrías, actividades deportivas, maestros y actividades. Así que nos la pasamos visitando colegios, quizá hasta una docena. Se nos ha dicho que existe tal cosa como la universidad perfecta para cada quien. Esta universidad perfecta es supuestamente aquella que cubre a la perfección las necesidades que cada estudiante siente que tiene. Y cuando la estrategia de selección de una universidad representa encontrar el sitio idóneo, entonces inevitablemente el prestigio juega un papel importante. Después de todo, ¿no debería este lugar idóneo incluir un nombre prestigiado?

Pero piense un momento al respecto. Si usted necesitara una camioneta de carga, ¿iría a comprar un auto deportivo con un precio aproximado de $80,000? ¡Claro que no! Aun si pudiera permitírselo, sería un valor muy alto para usted: demasiado dinero y un costo excesivo sin que siquiera tenga la capacidad de carga. ¿Por qué entonces dejamos el sentido común a un lado y tratamos de comprar estudios universitarios equivalentes al auto deportivo? Cuestan demasiado y probablemente no serán de gran utilidad.

Creo que el principal problema radica en la estrategia de los llamados "expertos" en recomendar universidades: la estrategia de la medida perfecta. Deseche ese concepto. No existe tal cosa, no en el mundo real. Vaya en busca de una universidad de la misma forma en que va de compras por cualquier otra cosa. Recuerde que la reputación y el alto costo no igualan el valor, pero pueden igualar una mala adquisición. En realidad, la ecuación de "reputación más alto costo igual a valor" muchas veces crea presiones financieras por completo innecesarias, al igual que cargas emocionales sobre los estudiantes universitarios y sus padres. Deshágase del *mito* de la universidad perfecta. Compre en relación con el *valor*.

Hoy en día el primer paso para llevar a cabo un plan financiero para estudios universitarios es, entonces, *hacer dinero al comprarlos,* buscando el valor de una universidad. De otra manera, aquellos préstamos para estudios que obtenga le parecerán eternos a la hora de saldarlos y consumirán las utilidades futuras que usted pensó que obtendría por medio de una educación universitaria. Veamos las opciones de las estrategias de valor para seleccionar una universidad.

Considere la mejor universidad pública que ofrezca los programas que busca. Incluso, las universidades públicas fuera de su estado que gocen de reputación nacional tendrán cuotas menores que las de las universidades privadas promedio. Y algunos estados tienen acuerdos de cuotas reducidas con universidades públicas de estados vecinos. Investíguelo. Valórelo.

Considere estudiar en una universidad técnica local los primeros dos años y después transferirse a una muy buena universidad con planes de graduación a cuatro años. Las universidades técnicas suelen impartir buenos cursos introductorios, le permiten vivir en su casa y tienen las cuotas más bajas. Lo que ahorra los primeros dos años recompensa los costos adicionales de los últimos dos. Valórelo.

Considere una universidad privada menos conocida, con precios de colegiatura más bajos, si los programas satisfacen sus necesidades. Un estudiante por arriba del promedio puede algunas veces calificar para obtener una beca por sus méritos en dichas universidades. Valórelo.

Considere una universidad pública de bajo costo para obtener una licenciatura si después planea hacer una maestría; de esa manera, los costos combinados pueden mantener un nivel moderado. Valórelo.

UN CONSEJO

Motive a sus hijos para que tomen cursos universitarios mientras estén cursando el bachillerato. Cada uno de los cursos que tomen le ahorrará alrededor de $600 en colegiatura universitaria.

He aquí la lección básica hasta ahora: una vez que haya identificado una estrategia de valor para seleccionar una universidad *antes de que comience a comprar*, usted puede comenzar a hacer dinero al momento de la adquisición. Esto, a su vez, significa que gastará menos al momento de la adquisición.

Compare esta estrategia con el método más común para financiar una educación universitaria. El más común primero ubica los costos similares o promedio de las universidades públicas y privadas, suponiendo que los números deben ser los costos reales y después plantea la siguiente cuestión: ¿Cómo puedo pagar esos costos? La tabla que aparece a continuación deberá esclarecerlo y confirmarlo. Entre los costos *promedio* proyectados de todas las colegiaturas universitarias encontrará grandes adquisiciones que le costarán menos que el promedio, si tan sólo las busca. No tiene que financiar estas grandes sumas si elige hacer dinero a la hora de comprar.

Tabla: Costos proyectados a cuatro años para la educación universitaria en Estados Unidos

Año de ingreso a la universidad	Costo de universidad privada	Costo de universidad pública
2000	$123,777	$49,511
2001	$132,813	$53,125
2002	$142,509	$57,003
2003	$152,912	$61,165
2004	$164,074	$65,630
2005	$176,052	$70,421
2006	$188,903	$75,561
2007	$202,693	$81,077
2008	$217,490	$86,966
2009	$233,367	$93,347
2010	$250,403	$100,161

Fuente: The College Board. Estimaciones basadas en colegiaturas universitarias anuales con una tasa inflacionaria del 6.8%.

La industria de servicios financieros se complace en hacerle ver cifras como las anteriores. ¿Por qué? Porque quieren que usted invierta la mayor cantidad de dinero que le sea posible en sus productos. Así que mostrarle estas cifras promedio les permite venderle la mayor cantidad de inversiones, si es que antes no se muere del susto. Tristemente, esto también deja a muchos padres convencidos de que nunca podrán enviar a sus hijos a la universidad. Pero como ya hemos dicho, esto es el Gran Obstáculo, el cual puede ser superado. Veamos cómo.

Como ya sabe, el primer paso es buscar el valor. Si puede recortar sus costos universitarios actuales a dos terceras partes o incluso a la mitad de lo que le muestra el promedio, vea cuánto ha ahorrado de un solo golpe antes de haber tenido que gastar o ahorrar un solo centavo. Ahora fíjese en las diversas fuentes con las que puede obtener dólares para el pago de la colegiatura universitaria que necesitará en el futuro:

- Inversiones y ahorro
- Planes de retiro
- Seguro de vida
- Hipoteca de vivienda
- Sueldo actual
- Apoyo financiero
- Becas
- Préstamos
- Ingresos estudiantiles

Como puede ver, ahorrar cientos o miles de dólares de su sueldo mensual, cantidad que quizá ni siquiera tenga, no es la única manera de pagar el costo de la universidad. Aunque sería satisfactorio ahorrar suficiente para cubrir los costos de las colegiaturas de sus hijos, así como asegurar su propio retiro, también necesitamos vivir día con día y disfrutar de nuestras vidas. Después de todo, con un ingreso anual de $60,000 y una hipoteca de $120,000, ¿cuánto puede ahorrar en realidad? La respuesta para el dinero necesario para la universidad debería estar dentro de la estrategia que mezcla las fuentes antes mencionadas, en vez de arriesgar su casa. Comencemos a considerar estas fuentes revisando cuánto apoyo financiero esperan recibir sus hijos con base en sus necesidades.

Para empezar, las universidades estadunidenses también han considerado que hay un límite en lo que se refiere a lo que los padres pueden pagar, límite que denominan "contribución familiar". Los administradores universitarios saben que deben encontrar el modo de hacer más accesible el costo de los estudios, ya que de otra manera no tendrían alumnos. Tanto las universidades públicas como las privadas utilizan estos topes para calcular las cantidades de apoyo monetario que ayudarán a sus hijos a pagar la universidad.

En el cálculo de dicha contribución se incluyen su sueldo actual y los bienes que posee. Por fortuna, los cálculos por mandato federal utilizados para determinar si califica para la ayuda para estudios universitarios no incluyen el valor de su casa ni sus ahorros para el retiro. Los cálculos de la contribución familiar se basan en los siguientes conceptos:

- Ingresos y bienes familiares
- Un nivel mínimo determinado federalmente
  sobre sus gastos diarios

La diferencia entre su salario y sus gastos diarios determina la cantidad que debería tener disponible para cubrir costos universitarios, o sea, su contribución familiar. Después de hacer este cálculo básico, podrá sustraer la cantidad que se espera que su hijo pague a partir de sus bienes e ingresos. El balance será lo que determine la elegibilidad de apoyo financiero para su hijo. Una universidad que lo acepte como estudiante tratará de desarrollar como siguiente paso un paquete monetario derivado de varias fuentes y suficiente para cubrir los gastos que le cobrará, menos, desde luego, la contribución familiar. Dicho paquete por regla general incluye donativos, préstamos y ofertas de trabajo a estudiantes.

Aunque esto parece ser justo y fácil de entender, el presupuesto mínimo familiar impuesto dentro del cálculo resulta irreal en relación con sus gastos familiares presentes, así como en una contribución familiar más allá de lo razonable. Por ejemplo, los pagos de hipoteca y los impuestos prediales no están considerados dentro del presupuesto mínimo familiar, por lo que no compensan su contribución familiar estimada. El Servicio Universitario de Becas del

Consejo Universitario (College Scholarship Service of the College Board) estima que la familia de clase media con un ingreso anual en 1996 de $60,000 y bienes netos por la cantidad de $80,000 (sin incluir hipotecas de vivienda, ahorros de un plan para el retiro y capital de un seguro de vida) deberían producir una contribución familiar de $9,200 anuales para cubrir los gastos universitarios de un joven.

La contribución familiar estimada disminuye si tiene más de un hijo viviendo en casa, si tiene otro hijo en la universidad y si es usted mayor de 45 años. Sin embargo, el acceso al apoyo financiero oficial será fuertemente limitado para la mayoría de las familias de la clase media. Para darse una mejor idea de la cantidad de apoyo para la que puede calificar, haga sus cálculos en la página de la Red del Consejo Universitario tecleando www.collegeboard.org. También puede obtener una copia gratuita de un folleto que describe cómo se calcula su contribución familiar estimada (EFC):

Federal Student Aid Information Center
P. O. Box 84
Washington, D. C. 20044

Ahora que sabe cómo elegir universidades y cómo calcular su contribución familiar estimada, continúa planteada la gran pregunta: ¿de dónde obtengo el resto del dinero que necesito? Como recordará, ya mencionamos las diversas fuentes para obtener dinero para la educación universitaria. A continuación, veámoslas en detalle.

Ahorros e inversiones

En el capítulo 7, vimos cómo puede incrementar al máximo el potencial de crecimiento de su plan de creación de riqueza mediante el uso de productos de inversión, como las sociedades de inversión, las acciones y los bonos. También vimos que empezar a ahorrar y a invertir con anticipación para los gastos universitarios le da más tiempo para que las utilidades combinadas de estos productos se eleven y trabajen para usted. Empezar a invertir para la universidad cuando su hijo tiene 13 o 14 años limita la cantidad que tendrá disponible cuando tenga 18, ya que sencillamente no hay tiempo suficiente para que se haga el milagro de la capitalización requerida. Si puede empezar a ahorrar para la universidad desde antes, hágalo. Recuerde, la fuente de dinero menos cara para los costos de la universidad siempre serán sus ahorros invertidos. Pero no puede revivir el ayer. Incluso, si no comenzó a ahorrar a tiempo, no hay por qué alarmarse, aún tiene tiempo de preparar un plan que pague los costos universitarios. Continuemos.

Hipoteca de vivienda

Si bien no cuento con estadísticas al respecto, mi experiencia personal y la de muchos de mis clientes me indican que una buena cantidad de préstamos hipotecarios de vivienda se usan para sufragar los costos universitarios. Si posee una casa y el valor de ésta ha aumentado gracias a la amortización de su hipoteca o la apreciación de su propiedad, puede hacer uso del bien para ayudarse a pagar los costos universitarios. Los préstamos hipotecarios de vivienda son muy útiles porque:

- Le proporcionan un préstamo con una tasa de interés baja, ya que está asegurado por el valor de su inmueble. Esta clase de préstamos siempre tienen una tasa de interés más baja que los no asegurados.

- Por regla general, los pagos serán deducibles de impuestos, reduciendo así sus gravámenes sobre ingresos.

- Los programas de préstamos hipotecarios son flexibles, ya que permiten que se le otorgue la cantidad completa o se le abra una línea de crédito, que puede manejarse con una chequera, para que utilice su dinero sólo cuando sea necesario.

- Los plazos de pago pueden extenderse hasta un máximo de 15 años, con lo cual se reducen considerablemente los pagos mensuales requeridos.

Como verá, los préstamos hipotecarios de vivienda le pueden ser de gran utilidad.

UN CONSEJO

Las universidades no toman en cuenta la hipoteca de vivienda como un bien familiar cuando se trata de otorgar apoyo financiero. Una vez que éste se le haya otorgado, obtenga un préstamo hipotecario para cubrir el resto de los costos educativos. La tasa de interés será deducible de impuestos.

Seguro de vida

Si cuenta con algún tipo de seguro de vida permanente, puede utilizar los valores en efectivo que la póliza ha acumulado para cubrir los costos universitarios. Dichos seguros son de dos tipos: completo y universal. Una de sus ventajas es que incrementan su valor y puede valerse de ellos en el futuro para asegurarse un préstamo. Además, estos valores en efectivo están disponibles de inmediato, no son caros y son flexibles. Los retiros o préstamos sobre un seguro de vida son ciertamente superiores a los préstamos sobre planes de jubilación, porque no conllevan plazos de pago fijos para su devolución (ni siquiera deben ser devueltos), no causan castigos fiscales y no afectan el dinero destinado a la creación de un capital para el retiro.

Sueldo actual

Desarrollar su propio plan de gastos puede proporcionarle dinero de su sueldo actual para cubrir el costo de la universidad. Recuerde que un plan de este tipo le da la información para determinar a qué destinará su dinero y la libertad de decidir sobre las prioridades de sus gastos, de ahí que resulte un instrumento excelente para ayudarle a cubrir los costos educativos. Posponer por unos años ciertas cosas como las vacaciones, algunas aportaciones para el retiro, la compra de un auto nuevo y otros gastos similares, le permitirá aprovechar su sueldo actual al máximo para cubrir los costos universitarios presentes. Recuerde plantearse las preguntas mágicas: ¿realmente necesito esto, o deseo aquello?, y, ¿podré esperar para obtenerlo? En este caso específico, esperar para adquirir algunas cosas quizá sea la decisión más inteligente que pueda hacer, porque su sueldo vigente siempre será la fuente más económica de dinero para cubrir los costos universitarios. Por supuesto, lo que hace por medio de un plan de gastos es potencializar su contribución familiar.

Apoyo financiero

Ya vimos cómo se determina una contribución paterna, con el fin de decidir la elegibilidad de un alumno para recibir apoyo financiero. Todas las universidades estadunidenses requieren que llene formularios específicos para establecer si califica para ello, como la Forma Gratuita de Apoyo Federal Estudiantil (Free Application for Federal Student Aid, o FAFSA). En estos formularios se piden muchos datos personales y económicos sobre el estudiante y sus padres. También se pide información sobre su situación fiscal, de manera que quizá resulte mejor para usted efectuar su declaración de impuestos a principios del año. Se le pedirá que especifique qué universidades desea que reciban su informe fiscal, de modo que lo consideren al momento de determinar si le otorgan su apoyo económico. Cuanto más rápido termine el trámite FAFSA, más rápido sabrá cuál será su contribución familiar estimada (EFC). Dicha contribución familiar estimada es el monto del balance que debe aportar cada año universitario; es la suma que deberá cubrir haciendo uso de todos los recursos que posee. (Tenga presente que si utiliza su plan de gastos eficazmente, tendrá una mejor oportunidad de sufragar la EFC.)

¿Cómo puede incrementar las posibilidades de recibir ayuda económica?

Ahorre a nombre suyo y no de sus hijos, porque todos los bienes a nombre de ellos serán considerados dentro del cálculo para apoyo financiero, en tanto que muchos de sus bienes no se tomarán en cuenta.

Reduzca sus bienes reportables, como son las cuentas de ahorro, los CD y los fondos del mercado de dinero, depositando preferentemente en las cuentas de su seguro de vida, planes de retiro y seguros de renta.

Haga sus solicitudes a universidades que se interesen en alumnos como su hijo. Esto amplía las posibilidades de obtener apoyo financiero, puesto que su hijo posee algunas de las características apropiadas, sean académicas, extracurriculares, deportivas, étnicas o religiosas, por mencionar algunas. Los estudiantes latinos calificados que eligen universidades apropiadas pueden incrementar sus oportunidades de ser admitidos, pero también de obtener un generoso apoyo económico.

No ponga todos los ahorros para el estudio universitario a nombre de su hijo

Los padres se preguntan con frecuencia si los ahorros deberían estar a su nombre o a nombre de su hijo. Hay argumentos en pro y en contra para ambos casos, pero por lo general no debe poner todos los ahorros para los estudios universitarios de su hijo a nombre de él. Cuando abre una cuenta en custodia a nombre de su hijo, como la llamada Donación Uniforme para el Recurso de Menores (UGMA) o Transferencias Uniformes para el Recurso de Menores (UTMA), su importe le pertenece a él y cuando cumpla 18 o 21 años (dependiendo de la mayoría de edad en el estado) podrá disponer de él. Si la mayoría de edad donde vive es de 21 años, es de suponer que para entonces su hijo habrá utilizado la mayor parte de ese dinero en su educación; a los 18, sin embargo, podría tomarlo y gastárselo en un viaje al Tíbet, en un automóvil o en cualquier otra cosa. Aunque esté seguro de haberle inculcado los valores correctos, no existen garantías al respecto, por lo que no hay manera de prevenir que su hijo adolescente despilfarre ese dinero.

Tener bienes disponibles a nombre de su hijo puede reducir sus posibilidades de obtener apoyo financiero. Las universidades generalmente esperan que los alumnos de nuevo ingreso contribuyan con un 35 por ciento de sus ahorros, en tanto que de los padres se espera que sólo aporten un 6 por ciento de los mismos. Así que si su hijo tiene $20,000 ahorrados, su escuela esperará que utilice $7,000 para cubrir su educación. Por otra parte, si como padre usted tiene $20,000, la universidad esperaría que aportara sólo $1,200.

> ## No ponga todos los ahorros para el estudio universitario a nombre de su hijo
> ### *(continuación)*
>
> **Hay una ventaja evidente en ahorrar a nombre de su hijo, especialmente cuando éste es aún pequeño. Si tiene menos de 14 años, no pagará impuestos sobre los primeros $650 de ingresos por inversión; los siguientes $650 son fiscalizados con una tasa para menores del 15 por ciento, mucho menor que la que usted pagaría. Para jóvenes mayores de 14 años, el ingreso por inversión paga un gravamen de 15 por ciento. Si está casi seguro de que no calificará para obtener ningún apoyo porque la categoría del pago de impuestos a que usted pertenece es alta, entonces puede mantener los ahorros a nombre de su hijo.**

Subvenciones

Las subvenciones difieren de los préstamos en cuanto a que son donaciones de dinero a los estudiantes, por lo regular para aquellos que aún no se han graduado; la mayoría son otorgadas por el gobierno federal para apoyar a las familias de bajos recursos. El programa más importante de este tipo se llama Subvención Federal Pell (Federal Pell Grant) y proporciona unos cientos de dólares al año a familias con ingresos de más de $35,000 y hasta $3,000 anuales a familias de bajos recursos. La solicitud para esta subvención se hace de manera automática, una vez que se completa y entrega la documentación requerida por la FAFSA. Otras fuentes de subvenciones estadunidenses son:

- El Programa Federal de Trabajo de Estudio, cuyos fondos son administrados por las oficinas de apoyo financiero de las universidades

- Las subvenciones estatales
- Los descuentos de colegiatura ofrecidos por las universidades
- Trabajar como voluntario para Americorps
- Ingresar a las Fuerzas Armadas
- Las Subvenciones Federales Suplementarias para Oportunidades Educativas Suplementarias

También puede obtener beneficios *similares a las subvenciones* al hacer cosas como éstas:

- Tomar cursos o exámenes anticipados de colocación que le permitan obtener un título universitario en un tiempo menor, reduciendo así sus colegiaturas y otros gastos.
- Durante los primeros dos años de su carrera, asistir a una universidad inicial asegurándose de que los créditos obtenidos sean revalidados por una universidad con carreras de cuatro años.

Becas

La pregunta más frecuente hecha por mis clientes latinos es: ¿Me será posible obtener una beca para mi hijo? Es un hecho que a todos nos gustaría obtener la mayor cantidad de dinero gratuito posible. Las becas existen, pero no es sencillo conseguirlas.

Para obtenerlas se requiere un plan bien pensado, persistencia y algo de creatividad. Existen servicios de localización de becas que cobran cientos de dólares por hacer una investigación computarizada, pero usted no tiene necesidad de pagarlos porque sólo le brindarán información comúnmente conocida y disponible sobre becas destinadas a universidades específicas o por cantidades tan pequeñas que son prácticamente inservibles. Es mejor que gaste su dinero en llamadas telefónicas, faxes, investigación por Internet o cartas.

Concentre su búsqueda en dos fuentes: las becas que ofrecen organizaciones estatales y nacionales a los latinos y los apoyos académicos y de ocupación específicos que ofrecen las compañías, grupos no lucrativos, asociaciones y las mismas universidades. Puede iniciar su investigación fácilmente, procurándose una copia de la *VISTA Scholarship Guide for Latinos*, patrocinada por la compañía Chrysler y la *Vista Magazine*. Llame a Chrysler al teléfono 800-521-0953 para obtener un ejemplar gratuito.

¿Sabía que...?

Puede hallar miles de millones de dólares disponibles en apoyo federal, estatal y privado, si sabe dónde buscar. Infórmese con los asesores y en las oficinas de apoyo financiero de las universidades. También las bibliotecas y librerías tienen secciones sobre planificación universitaria. Internet también es un buen recurso de información; consulte las siguientes páginas:

www.collegeboard.org (con acceso al Servicio Universitario de Becas)
www.fastweb.com
www.college-prep.com
www.collegeview.com

También puede contactar al College Board en 45 Columbus Avenue, New York, NY 10023-6992, 212-713-8000.

Además, puede recurrir a las dos organizaciones nacionales latinas que proveen becas para estudiantes latinos, con base en un sistema de solicitudes:

The National Hispanic College Fund
P. O. Box 728
Novato, California 94948
415-892-9971/415-445-9930
www.nhsf.org

Hispanic College Fund
One Thomas Circle N.W.
Washington, D. C. 20005
202-296-5400
www.hispanicfund.org

Otras organizaciones que le ayudarán a encontrar becas son:

Hispanic Association of Colleges and Universities
Student Support Groups
4204 Gardendale Street #216
San Antonio, Texas 78229
210-692-3805

League of United Latin American Citizens (LULAC)
National Educational Services
777 N. Capitol Street SE #395
Washington, D. C. 20002
202-408-0060

Mexican-American Women's National Association
(MANA)
Raquel Marquez Frankel Scholarship
1107 17th Street NW #803
Washington, D. C. 20036
202-833-0050

Por último, también puede dirigirse a las numerosas asociaciones de profesionales latinos que representan a miles de ingenieros, médicos, contadores, abogados, etc. Estas organizaciones son una fuente potencial para obtener ayuda económica por conducto de sus miembros. El apoyo que de ellos obtenga dependerá de la especialidad académica o profesional que le interese a su hijo. Puede empezar con esta lista:

American Association of Hispanic CPAs
19726 E. Colima Road, Suite 270
Rowland Heights, CA 91748
626-965-0643

Society of Hispanic Professional Engineers
5400 East Olympic Blvd., Suite 210
Los Angeles, CA 90022
213-725-3970

National Association of Hispanic Investment Bankers
4037 Tulane Ave., Suite 100
New Orleans, LA 70119

InterAmerican College of Physicians and Surgeons
1721 I Street NW, Suite 200
Washington, D. C. 200306
202-467-4756

National Association of Hispanic Nurses
1501 16th Street NW
Washington, D. C. 20036
202-387-2477

Hispanic National Bar Association
P. O. Box 66105
Washington, D. C. 20035
202-293-1507

Hispanic Organization of Professionals and Executives
1700 17th Street NW, Suite 405
Washington, D. C. 20009
202-234-2351

Hispanic Public Relations Association
735 S. Figueroa, Suite 818
Los Angeles, CA 90017
818-345-3425

National Hispanic Corporate Council
2323 N. Third Street, Suite 101
Phoenix, AZ 85004
602-495-1988

National Association of Hispanic Journalists
1193 National Press Building
Washington, D. C. 20045
202-662-7145

Abordemos ahora el siguiente punto de la lista.

Préstamos

Tanto usted como su hijo pueden calificar para obtener un préstamo a partir de distintas fuentes. La menos costosa es el programa de préstamos del gobierno federal para el apoyo a estudiantes. Otras fuentes pueden ser los estados, los prestamistas privados y las mismas universidades. Veamos las opciones:

Programa Federal de Préstamos Stafford. Este programa provee préstamos subsidiados para estudiantes calificados por la documentación sometida a FAFSA y préstamos no subsidiados para el resto de los estudiantes. Con el préstamo subsidiado Stafford, el gobierno federal cubre los intereses derivados mientras su hijo continúe estudiando; y con el programa no subsidiado, su hijo es responsable de cubrir los costos de intereses de inmediato, aunque los pagos de intereses pueden diferirse hasta su graduación o el abandono de la escuela. Ambos programas brindan una tasa de interés baja (3.1 por ciento sobre el interés de los bonos del Tesoro a 91 días, con un tope máximo del 8.25 por ciento). Los abonos comenzarán a pagarse seis meses después de que su hijo se gradúe o deje la escuela. Los préstamos Stafford están disponibles hasta por la cantidad de $2,650 para estudiantes de primer año, de $3,500 para estudiantes de carrera y $5,500 para los de tercero, cuarto y quinto año, con un máximo total de $23,000 por estudiante. Los estudiantes graduados también pueden participar y calificar para obtener $18,500 anuales. Los préstamos Stafford pueden ser adquiridos directamente por medio de universidades como préstamos directos o por conducto de diversos bancos, S&L y uniones de crédito.

Préstamos federales Perkins. Este programa se diseñó para estudiantes de familias de pocos recursos y es parte de un paquete de apoyo financiero total que ofrece una universidad a un estudiante de reciente ingreso. La elegibilidad de este programa se mide con la documentación sometida al FAFSA. Los estudiantes no graduados pueden obtener un préstamo con un interés bajo del 5 por ciento y obtener $3,000 anuales.

Préstamos PLUS. Préstamos otorgados a los padres de estudiantes no graduados. Los padres pueden tomar prestado el monto total del costo de la educación de su hijo a una tasa reducida de interés del 3.1 por ciento sobre la tasa de rendimiento a un año de los bonos del Tesoro, con un tope de hasta el 9 por ciento. Se requerirá una investigación de crédito, aunque es muy relativa. Los intereses y el capital pueden diferirse hasta seis meses después de la graduación de su hijo, con abonos prolongados de cinco a 10 años.

Los *planes de pago prolongado* que ofrecen las universidades le permiten la opción de cubrir los gastos de colegiatura y pensión en un tiempo de entre 10 y 12 meses en vez de liquidarlo en dos partidas, facilitando así a los padres el autofinanciamiento de estas grandes cantidades, por lo menos parcialmente, con su salario actual.

Consideraciones finales sobre el Gran Obstáculo

Tratemos de resumir todo lo anterior dentro de algunos principios concluyentes que nos permitan superar los obstáculos financieros que enfrentan sus hijos en edad de iniciar estudios universitarios.

Primer principio. Cubrir el costo de estudios universitarios hoy en día requiere una estrategia a largo plazo, que encuentre recursos múltiples para acumular fondos. Tómelo en cuenta.

Segundo principio. Cuanto más pronto empiece a ahorrar para este propósito, más probabilidades tendrá de obtener una cantidad adecuada cuando la necesite. El inicio anticipado, aunque sea en pequeñas cantidades, de inversiones para el ahorro con altos rendimientos siempre será la manera más económica de cubrir los gastos universitarios. Así, los potentes elevadores de capitalización financiera funcionarán a su favor. Inicie anticipadamente.

Tercer principio. Si no ahorra e invierte con antelación para los estudios universitarios, en vez de recibir intereses compuestos a su favor, usted o su hijo tendrá que pagar intereses compuestos, después de cursada la universidad, sobre todos esos préstamos. Esto es desafortunado, pero con frecuencia no se puede evitar.

Cuarto principio. Obtener préstamos y pagarlos después de cursada la universidad, ¡no está mal! Recuerde que en gran medida la razón por la cual se obtiene un grado universitario es para incrementar el flujo de ingresos de la vida futura de su hijo. Mientras esto suceda, todo lo que está haciendo es capitalizar por anticipado una pequeña parte de aquel flujo de ingresos en forma de préstamos. Sin embargo, el flujo de ingresos deberá ser tal que pueda compensar fácilmente los préstamos y sus intereses. Esto no es igual que obtener un préstamo para adquirir un auto que le permita producir más dinero. ¡Obtener un préstamo para estudios universitarios es una mejor opción que no asistir a la universidad!

Quinto principio. Jamás olvide la vieja regla que dice que usted obtiene dinero al comprar. Primero, haga todo lo posible por minimizar los costos universitarios; entonces, sus necesidad es financieras serán menores en primer lugar. ¡Siempre busque el valor!

Sexto principio. Jamás, pero jamás olvide que la excelencia es importante en Estados Unidos y que con el tiempo otorga recompensas. Motive a sus hijos para que estudien arduamente, a partir de los primeros años de escuela; de ese modo desarrollarán hábitos adecuados para la universidad y su vida adulta, y podrán obtener becas universitarias, que de otra forma no obtendrían, y ganar más en sus vidas adultas. Invertir trabajo arduo para obtener buenos logros representa la estrategia más fácil y económica que le pueda inculcar a sus hijos para tener éxito en la vida. ¡Vale más que el oro!

Acciones a tomar para
realizar los estudios universitarios

Tome asiento y comience a desarrollar un plan de pagos de estudios universitarios, ¡ahora mismo! Qué tipo de universidad, cuál será el costo aproximado, para qué cantidad de apoyo financiero estima que calificará, cuánto tiempo estima que debe ahorrar e invertir. Éstos son los elementos básicos para formar un buen plan de pagos de estudios universitarios.

Comience a invertir en acciones de sociedades de inversión para así acrecentar su dinero lo más posible. No se preocupe por la cantidad con la que debe iniciar; siempre podrá añadir más, después. Lo importante es comenzar ahora y añadir algo cada mes, de tal manera que los potentes elevadores financieros comiencen a funcionarle.

Infórmese sobre los recursos que hay para obtener becas por medio de fuentes nacionales, estatales y profesionales.

Asegúrese de que tiene un seguro de vida y la capacidad suficiente como para proteger a su familia ampliamente durante los años difíciles anteriores y simultáneos a los estudios universitarios. Recuerde que los valores en efectivo de su seguro de vida pueden ser buenos recursos para cubrir gastos universitarios.

Solicite todo el apoyo financiero que pueda obtener. Complete las formas del FAFSA tan pronto como pueda y preséntelas con antelación. ¡El apoyo en demasía jamás ha perjudicado a nadie!

Encuentre formas de reducir los bienes familiares y los de sus hijos por medio de intercambios inteligentes.

Identifique el valor de las universidades por medio de visitas a colegios estatales y los privados que sean menos conocidos.

Busque universidades que ofrezcan becas al mérito, becas que no requieran investigar sus necesidades económicas. Ésta es una de las áreas donde un buen nivel académico se ve recompensado.

¡Persevere! Jamás, jamás se rinda.

Capítulo 10

LA RIQUEZA PARA EL SUSTENTO DE SUS AÑOS POSTERIORES: ¿CÓMO LO ENCONTRARÁ EL RETIRO?

Ay, los tiempos cambian

Hoy fuiste, mañana serás.

¿Cómo lo encontrará el retiro? No, ésta no es una frase confusa. Sé que la frase común y típica es: ¿Cómo encontrará su etapa de retiro? Pero la respuesta dependerá de la primera pregunta. ¿Cómo es eso? Primero definamos retiro: el retiro es la etapa de nuestras vidas donde ya no deseamos, podemos o necesitamos trabajar, ¡lo que sea que se presente primero! Si el retiro se le presenta cuando ya no necesita trabajar, bendito sea. ¿Pero si se presenta cuando ya no puede trabajar? ¿Lo encontrará entonces el retiro con los recursos suficientes derivados de su renta para continuar con una vida cómoda? ¿O se presentará ante usted repentinamente, como un ladrón por la noche, llevándose todo su poder adquisitivo y dejándolo sin nada, o con muy poco? ¿Cómo lo encontrará el retiro, preparado o descuidado?

Sólo el 32 por ciento de la fuerza laboral latina en Estados Unidos participa en planes de pensión, comparado con el 44 por ciento de otros grupos minoritarios y el 51 por ciento de trabajadores anglosajones. Nuestro falso sentido de autosuficiencia nos perjudica.

Sólo el 9 por ciento de los trabajadores latinos son egresados universitarios, comparado con el 27 por ciento de los anglosajones, por lo que nuestros trabajos tienen una baja remuneración, nuestras expectativas de ingresos para toda una vida son bajas y los *beneficios para el retiro, reducidos.*

Sólo el 32 por ciento de los latinos de 55 años o más reciben una pensión, en comparación con el 40 por ciento de los afroamericanos y el 52 por ciento de los anglosajones.

En un estudio efectuado por la Rand Corporation se encontró que el 10 por ciento de los hogares de jubilados latinos con mayores ingresos sustentaron en 1995 activos disponibles de sólo $14,000, comparado con $172,000 sustentados por el 10 por ciento de los jubilados anglosajones con mayores ingresos.

En toda medida, a los latinos se nos perfila una catástrofe en la edad avanzada, a menos que modifiquemos nuestro criterio sobre ella de inmediato.

Y no somos los únicos que enfrentan esta amenaza. Hoy en día todo estadunidense encara el reto de cómo prepararse para lograr un retiro digno y confortable, *sin depender solamente del gobierno.* Tal y como dice la canción de Bob Dylan: "los tiempos cambian". Lo único que nos separa de otros estadunidenses es esto: estamos menos preparados que la mayoría para enfrentar esta nueva realidad. Por fortuna, también poseemos un bien invaluable en la batalla contra el tiempo: contamos con más de éste. Como pueblo aún somos jóvenes; contamos con el tiempo para prepararnos ante esos cambios, si tan sólo aplicamos la tenacidad necesaria para modificar nuestros hábitos.

Se preguntará qué es lo que hay que modificar. La única solución radica en la combinación de un incremento en la educación y la atención personal al reto que significa vivir con comodidad en alguna etapa de nuestras vidas sin depender de los ingresos laborales.

En este libro he reiterado la importancia de la planificación a largo plazo y la toma de riesgos calculados para acelerar la creación de riqueza de los latinos. La inversión en acciones y sociedades de inversión deberá ser una parte crucial y esencial de cualquier plan de generación de un capital para nosotros. En el resto de este capítulo le diré de manera más detallada cómo asegurarse eficazmente para su retiro.

El conocimiento jamás le hará daño

Para superarnos debemos estudiar más. Así de sencillo. Comencemos con una revisión breve de lo que deberíamos saber acerca de nuestro retiro. Una vez completada, tendrá una idea más clara del nivel de sus conocimientos generales con respecto a este tema.

Revisión breve

Vea cuántas de las siguientes sencillas preguntas sobre planificación para el retiro responde correctamente.

1. Cuando se trata de invertir para el retiro, ¿cree que debería tomar más o menos riesgos de los que toma en lo que respecta a otras inversiones?
   a) más   b) menos   c) igual

2. A largo plazo, los bonos superan el rendimiento de las acciones.

a) cierto   b) falso   c) no sé

3. En los últimos 30 años, ¿cuál de las siguientes inversiones ha producido más rendimientos?

a) acciones   b) bonos empresariales
c) bonos del gobierno   d) bonos del Tesoro
e) certificados de depósito

4. ¿Qué expectativa de vida tiene hoy en día una persona que recién cumplió 65 años?

a) 77   b) 80   c) 84
d) 87   e) 89   f) 91

5. ¿Qué porcentaje de los ingresos anteriores a su retiro (los últimos cinco años laborales) consideran los expertos que necesitará invertir para vivir con comodidad una vez que se retire?

a) 40-50 por ciento   b) 50-60 por ciento
c) 60-70 por ciento   d) 70 por ciento o más

6. ¿Cuánto costará mantener un nivel de vida de $30,000 anuales a 10 años con una tasa de interés inflacionaria del 3 por ciento anual?

a) $30,000   b) $35,000   c) $40,317
d) $54,183

Respuestas:

1. a) más   3. a) acciones   5. d) 70 por ciento o más

2. b) falso   4. b) 80   6. c) $40,317

Para evaluar su resultado: si tuvo de 5 a 6 respuestas correctas, está más adelantado que la mayoría en lo que se refiere al entendimiento que tiene de los asuntos financieros cruciales que afectan el retiro. Manténgase actualizado.

Si tuvo 4 respuestas correctas, se ubica en un nivel mejor que muchas personas, pero necesita actualizar sus conocimientos sobre asuntos clave y su impacto en los programas de inversión. Revise su cartera con base en su mayor conocimiento.

Si acertó en 3 respuestas o menos, es probable que no haya considerado muchos de los aspectos que afectan el aseguramiento del retiro. Actualícese para seguir adelante.

A continuación, pongamos al descubierto una serie de mitos sobre la realidad del retiro, para así poder enfrentar el reto que se nos presenta.

Primer mito. El gobierno cubrirá la mayoría de mis necesidades. Muchos latinos en Estados Unidos suponen que la Seguridad Social será el bastión que asegurará su retiro. La realidad es que con un ingreso actual de $60,000, la Seguridad Social le cubrirá sólo un 23 por ciento del ingreso que obtiene durante los años anteriores al retiro. Y esta estimación está basada en supuestos actuales que quizá sean bastante elevados. ¿Quién puede saber qué reducciones se hagan a los beneficios en el futuro, con el propósito de balancear los números?

Segundo mito. Mi dinero sólo tiene que durar una cantidad determinada de años. En 1938, el promedio de vida esperado para los estadunidenses era de 62 años. Gran parte de la gente no vivía lo suficiente para poder cobrar. La expectativa de vida del grupo de la generación "baby boom" es de 80 a 85. La tecnología médica está llevando los límites de la vida humana a 110 años y más. Si usted tiene 30 años actualmente, ¡pasará más tiempo en una vida de retiro que en la del trabajo!

Tercer mito. Tan sólo necesito una cantidad de ahorros relativamente pequeña para poder vivir. Este mito ha sido eficazmente destruido, pero es resultado de los supuestos basados en el mito anterior. La inflación representa la verdadera amenaza para un retiro digno. Estos "impuestos" silenciosos desgastan nuestro poder adquisitivo y, por lo mismo, nuestro nivel de vida, alimentándose de nuestro capital, dólar por dólar. Por ejemplo, para percibir $10,000 anuales como ingresos para el retiro por un periodo de 25 años descontando la inflación, tan sólo necesitaría $115,000 con un rendimiento del 8 por ciento. Con una inflación del 4 por ciento, necesitaría $165,000. Es una gran diferencia.

Cuarto mito. Puedo mantener mi capital en inversiones seguras. Éste es un asunto fundamental directamente relacionado con el mito anterior. ¿Qué es "seguro" y qué es "riesgoso" cuando hay inflación de por medio? ¿Es más riesgoso aventurarse a perder un poco de dinero o definitivamente perder el valor adquisitivo frente a la inflación? Compare estos índices de rendimiento anual promedio antes y después de la inflación entre 1926 y 1997 de algunos instrumentos de inversión bien conocidos:

	Mercado monetario	Mercado de bonos	Mercado de acciones
Rendimiento anual promedio	3.8%	5.2%	11.0%
Inflación	3.1%	3.1%	3.1%
Retorno "real"	0.7%	2.1%	7.9%

¿Cuán segura es una inversión de bajo rendimiento después de considerar la inflación?

Quinto mito. No debo preocuparme porque mi empleador me cuida. Por desgracia, ése no ha sido el caso para los latinos y, actualmente, menos que nunca. Hay muchas compañías que ya no solventan planes de pensión. La mayoría de los latinos trabaja para pequeñas empresas o por cuenta propia, de manera que casi ninguno recibe una cobertura del todo gratuita.

¡Bien! ¿Cuánto dinero necesitaré?

Esta pregunta la escucho muchas veces después de informar a mis clientes los hechos reales de la vida que se relacionan con los planes de retiro: ¡Bien! ¿Cuánto dinero necesitaré? Cada vez que la escucho, me resisto a sonreír. No quiero ser descortés, pero sencillamente es una pregunta mal planteada. Si se hace la pregunta incorrecta, ¿cómo puede esperar obtener la respuesta correcta? La pregunta sobre *necesidad* es una que creo que desubica a cualquier estadunidense, sea latino o no. Ya sea para el retiro o para un seguro de vida, la necesidad tiene poco que ver con el cálculo. La pregunta correcta que hay que plantearse es: ¿cuánto dinero quiero? Después de todo, no *necesitamos* hacer nada cuando nos retiremos; podemos limitarnos a sentarnos en una mecedora ¡sin hacer nada! Lo que importa es lo que queremos para el retiro. A no ser que estemos físicamente incapacitados para hacer las cosas que queremos, lo único que nos lo impide es el dinero, o mejor dicho, la falta de éste.

Ahora bien, es obvio que cada persona deseará hacer distintas cosas durante su retiro. Algunos querrán simplificar su existencia, sentarse y disfrutar las cosas tranquilas de la vida. Otros querrán hacer todo aquello que pospusieron mientras trabajaban tiempo completo: un viaje por el mundo, desarrollar nuevos pasatiempos, completar el sueño dorado de jugar golf en Escocia, o embarcarse en un velero para viajar alrededor del mundo. La sabiduría convencional de los estrategas financieros es que la persona promedio requerirá de un 70 a un 80 por ciento del promedio resultante de los últimos tres a cinco años de sus ingresos anteriores al retiro, como ingresos posteriores al mismo. Otros estrategas han argumentado que es posible vivir con el 60, el 50 y hasta el 40 por ciento del ingreso anterior al retiro. Pero, ¿quién representa a esta persona promedio?, y, ¿cuál será su ingreso durante los últimos tres a cinco años de su vida laboral? ¿Quién lo sabe?

Tengo 43 años de edad y no sé cuál será mi promedio de ingresos durante los últimos tres a cinco años laborales, así que, ¿cómo puedo determinar cuál es el 70 por ciento de una interrogante? Ni siquiera puedo suponer que el sueldo que percibo en la actualidad vaya a aumentar de un 3 a un 4 por ciento constante cada año. Cierto, tengo mejores planes para mí que ése, pero, ¿quién sabe si funcionarán y cuánto me costarán? *El futuro es incierto,* tal y como solía decir mi profesor de administración.

El tratar de hacer un cálculo con estas cifras es aún más en vano cuando se cuenta con 35, 30 ó 25 años de edad. Vivimos en el periodo más dinámico de la historia, y de alguna manera se nos hace pensar que podemos programar un plan para el retiro en puntos porcentuales sobre un ingreso desconocido a un plazo de 25 años o más en el futuro.

¿Qué pasa si tan sólo nos proponemos producir la mayor cantidad de dinero que nos sea posible? ¿Cómo podemos lograr esto? Más importante aún, ¿cómo podremos lograrlo sin privarnos a nosotros mismos y a nuestra familia de vivir como deseamos durante el tiempo en que continuamos trabajando, educando a nuestros hijos y participando ampliamente con nuestras comunidades? Lo que esto en realidad plantea es de dónde provendrá el dinero necesario para el retiro, al establecer un balance entre nuestra vida laboral y la del retiro. Continúe leyendo.

¿De dónde proviene el dinero necesario para el retiro?

De acuerdo con un estudio reciente efectuado por el Departamento del Tesoro estadunidense, los hogares promedio del país obtienen menos del 45 por ciento del ingreso para el retiro de una combinación de fondos de pensión y de Seguridad Social. Del resto, el 24 por ciento proviene de ingresos para el retiro obtenidos —aún continuamos trabajando después del supuesto retiro, en parte para mantenernos ocupados, pero mayormente para que nos alcance— y el 32 por ciento, de ahorros e inversiones. Este porcentaje no derivado de fondos de Seguridad Social y de pensión de ingresos para el retiro sólo continuará aumentando en el futuro en tanto el gobierno y las empresas disminuyan sus aportaciones. Por desgracia, la mayoría de los ciudadanos latinos retirados no cuentan con este tipo de distribución de ingresos, sino que dependen en su mayoría de la Seguridad Social, por lo que podrá usted ver lo difícil que puede ser esta etapa para muchos de nosotros.

En suma, veamos lo que hemos aprendido. El dinero para el retiro proviene, en esencia, de tres fuentes:

- Seguridad Social
- Pensiones privadas
- Ahorros e inversiones personales

Creo que también hay una cuarta fuente, el seguro de vida permanente, el cual analizaremos un poco después. Recuerde que necesitamos planificar para generar por lo menos un ingreso para el retiro durante 20 años, si no es que para 25 o 30 años. Veamos con mayor detalle lo que estos tres recursos básicos pueden hacer por nosotros.

Seguridad Social

La gran pregunta sigue siendo: ¿cuánto será? Sólo puede estar seguro de que jamás será una proporción tan cuantiosa de nuestras aportaciones como la que recibieron nuestros padres. De manera creciente, nuestra riqueza y seguridad dependerán de nuestra habilidad para percibir e invertir a nuestro modo y así avanzar hacia la independencia financiera.

Pensiones

¿Sabe en qué se están convirtiendo las pensiones hoy en día? En los dinosaurios del universo del retiro. ¿Por qué? Porque cada vez menos compañías las ofrecen. La mayoría de los nuevos trabajos creados en la actualidad provienen de compañías pequeñas que por lo general no ofrecen planes de pensión debido al costo que representan. Recuerde también que menos de un tercio de los latinos tienen estos planes, en comparación con el 50 por ciento de todos los anglosajones. Es claro que los latinos tienen menos posibilidad de recibir este recurso de fondos para el retiro que ningún otro grupo en Estados Unidos.

Dicho esto, si usted es lo suficientemente afortunado para trabajar en una compañía que provee planes de pensión, le conviene saber que éstos se presentan en dos formas distintas:

Planes de beneficio definido. Son los planes tradicionales que la mayoría de los estadunidenses mayores de 50 años recuerdan. Las compañías garantizan a sus empleados asegurados cierta cantidad de ingresos para el retiro (el beneficio definido) futuro. El beneficio mensual se define con base en la cantidad de años trabajados y el salario final.

Los empleados asegurados son elegibles para recibir cierta proporción de su salario final en forma de beneficio. Por lo regular, el empleado no contribuye directamente al pago del plan. Un buen trato, ¿no? Pues ése es el problema: es tan bueno que incluso las compañías más grandes están recortando este tipo de prestaciones debido a los grandes costos que implican para el futuro; han optado, más bien, por planes donde los cargos futuros recaigan sobre sus empleados, o por aquellos que no las comprometen a pagar un beneficio futuro específico. Así que si usted es lo suficientemente afortunado de tener un plan de beneficio definido, recuerde lo siguiente:

Cada plan tiene un programa de derechos para los trabajadores, lo cual significa que cuanto más tiempo trabaje para una compañía, más alto será el beneficio para el que calificará. Puede haber penas muy severas si deja su trabajo antes de la fecha especificada para ello. Lea con atención su informe anual de prestaciones y hable con el personal de recursos humanos para conocer a fondo su plan específico, su programa de derechos y cómo puede aumentar al máximo sus beneficios para el retiro.

Si quiere hacerlos rendir lo más posible, no cambie de trabajo. Actualmente esto es un imperativo; comprenda que si lo hace podrá perder importantes beneficios de pensión que quizá su nueva compañía no le ofrezca. Si considera hacer un cambio, averigüe primero a cuánto asciende la prestación a la que tendrá derecho, lo que está dejando atrás y si el nuevo trabajo lo amerita. Sus beneficios de pensión futuros son una consideración importante que debe tener en mente al tomar esta decisión. Cuanta más edad tenga, más crucial será la decisión sobre si se queda o no en un trabajo, porque podría estar renunciando a cientos de miles de dólares en ingresos de pensión garantizados.

Manténgase siempre al tanto de sus beneficios acumulados. Revise sus estados de cuenta cada año.

Si decide cambiar de trabajo, no olvide estos beneficios por derecho. Incluso, si trabajó para la compañía por sólo cinco años, podría tener derecho a beneficios por unos cientos de dólares mensuales al momento de su retiro. Vale la pena tener esto en consideración.

UN CONSEJO

Cuando cambie de trabajo, pida a su empleador que le deposite sus ahorros para el retiro en una cuenta revolvente, o en el plan de su nueva compañía. Si la distribución se le hace directamente a usted, su anterior patrón deberá deducir el 20 por ciento para impuestos.

Planes de aportaciones definidas. En tanto las compañías han disminuido sus planes de beneficio definido al estilo Cadillac, han incrementado ampliamente el uso de planes de aportaciones definidas. ¿Cuál es la diferencia? El plan Cadillac garantiza una liquidación de retiro, en tanto que los programas recientes aseguran cierta cantidad de contribución por parte de la compañía; entre ellos se incluyen los planes de compra de dinero, los planes de ganancias compartidas, las Pensiones Simplificadas a Empleados (SEP) y los planes 401(k); todos ellos han sido ampliamente aceptados por el sector empresarial en fechas recientes debido a una razón muy simple: liberan a las compañías de los pagos de beneficios garantizados. El monto final de su beneficio se determina con base en el comportamiento de sus planes de inversión en el mercado. Según estos programas, las empresas pueden contribuir con cierto porcentaje del salario de sus empleados (llamado compra de dinero) o con un porcentaje de sus utilidades (participación de utilidades). El plan de su empleador puede incluir también una cláusula conforme a la cual usted puede efectuar aportaciones voluntarias que la compañía después compensará.

Las SEP son utilizadas por empresas pequeñas, por lo regular las que tienen menos de 20 empleados; su éxito se deriva de su bajo costo de implantación y administración, un aspecto importante para los pequeños negocios. En esencia, las SEP funcionan de manera similar a las Cuentas de Retiro Individuales (IRA). En todos estos planes de aportación definida, el empleador suele decidir cuánto se invertirá en acciones, bonos, efectivo, sociedades de inversión, acciones de la misma compañía si participa en la bolsa, así como en otros tipos de inversiones. La compañía funge como albacea de esos planes y administra su dinero (o contrata a un administrador de inversiones para tal efecto), para aumentar al máximo los beneficios potenciales de sus trabajadores. Si usted contribuye al plan con parte de sus propios ingresos, puede o no tener control sobre dónde se invertirá su dinero. Asegúrese de estar al pendiente.

Algo que debe observarse con cuidado es que las empresas pueden utilizar estos planes para apoyar los precios de sus acciones, al utilizar una proporción considerable de las aportaciones para comprar sus propias emisiones; por supuesto, eso ocasiona que sus precios se mantengan elevados. Si usted trabaja para Coca-Cola o Microsoft, lo anterior quizá no sea una desventaja, pero las acciones de la mayoría de las compañías no son tan sólidas; invertir gran parte de su dinero para el retiro en acciones de una compañía de bajo rendimiento lo expone a un riesgo mayor de lo necesario. Revise su plan de retiro en cuanto a esta cuestión; aunque no puede hacer nada para modificar un plan de pensión que invierte un 50 por ciento o más de su dinero en acciones de la propia compañía, por lo menos sabrá dónde se encuentra ubicado y así podrá efectuar ajustes en otras áreas de su plan de ahorro e inversión para cubrir los riesgos de su plan de retiro.

401(k): ¿qué tan efectivos son?

Hace 20 años, casi nadie sabía de los planes 401(k). Hoy son tema de conversación en reuniones sociales, seminarios de empleados, cientos de artículos de revistas y docenas de libros. En la actualidad, hay millones de personas que poseen esas cuentas y muchas de ellas piensan que son artefactos mágicos para hacer dinero, debido a algunas buenas razones:

- Ofrecen reducciones fiscales inmediatas.
- Puede obtenerse "una equiparación" por cuenta de la compañía, que aumentará el monto de sus propias aportaciones.
- Maximizan su crecimiento gracias a la ventaja de los impuestos diferidos.
- Brindan al usuario la comodidad de hacer deducciones automáticas de su sueldo para cubrir sus aportaciones.
- Ofrecen opciones justas de ofertas e inversiones.
- Son cuentas "portátiles", lo que quiere decir que el trabajador puede llevarse el plan si deja su empleo. Algo muy importante en el mercado actual.
- Brindan al trabajador acceso a su inversión en caso de una emergencia.
- La mayoría de los planes ofrece servicios de alta calidad a sus clientes; y el trabajador es un cliente.

Prosigamos. De acuerdo con los expertos, si se desea generar un máximo de riqueza, nada es mejor que no pagar impuestos sobre las maravillosas utilidades que se obtienen invirtiendo en la bolsa de valores. Ciertamente, no es una locura unirse al movimiento de los 401(k) por los beneficios que ofrecen. De hecho, usted se estará preguntando cómo contratar un plan de éstos si es que aún no lo ha hecho; o cómo podría ampliar sus beneficios si ya es parte del juego. Veamos.

El funcionamiento del plan 401(k) es muy simple. Usted, como empleado, acepta aportar un porcentaje de su salario, anualmente, para su retiro. La ley especifica que su contribución estará exenta de los impuestos federales vigentes, aunque no de los correspondientes a la Seguridad Social (FICA). Las utilidades, o intereses, sobre sus inversiones se elevan con impuestos diferidos, es decir, que no tiene que pagar gravámenes sobre el incremento de su cuenta hasta el momento de su retiro; cuando venda los activos pagará los impuestos diferidos. Si usted apenas está iniciando un plan como éste y el crecimiento de sus utilidades es de sólo $200 anuales, no le parecerá un beneficio satisfactorio. Pero veamos cómo se va sumando.

Inversión en una cuenta de impuestos diferidos comparada con una cuenta que paga impuestos ($2,000 anuales por 25 años)

Porcentaje de impuestos	Cuenta con impuestos diferidos	Cuenta imponible
15	$134,223	$111,591
28	113,694	80,785
31	108,957	74,695
36	101,062	65,291
39.6	95,377	59,377

Esta tabla se calculó suponiendo una tasa de rendimiento anual del 8 por ciento sobre cada cuenta y sin efectuar retiros de la cuenta con impuestos diferidos hasta el retiro, una vez que los activos son vendidos y gravados.

¿Cuánto puede contribuir en este tipo de plan? Puede aportar un porcentaje de su salario, hasta un máximo de $10,000 anuales. También puede realizar aportaciones después del pago de impuestos a un plan de ahorros, si es que su empleador lo ofrece. Las aportaciones totales a todos los planes de ahorros auspiciados por las compañías tienen un tope de $30,000 anuales. Recuerde que uno de los beneficios de un plan 401(k) es la aportación que efectúa su compañía, la cual se suma a cualquier contribución suya. Así pues, suponga que tiene un sueldo de $50,000 y decide contribuir a su plan 401(k) con un 10 por ciento, es decir, $5,000. Su compañía conviene en hacer una aportación igual al primer 3 por ciento de su contribución, es decir, $3,000. La contribución total hecha a su nombre será de $8,000.

¿Cómo se invierte el dinero? Éstos son el reto y la oportunidad más importantes para los empleados. Como las compañías se han alejado de aquellos planes de pensión de aportaciones definidas para evitar el compromiso de los pagos, usted es el que está comprometido ahora. El desempeño de su cuenta para el retiro dependerá del tipo y rendimiento de las inversiones que elija incluir en su plan. Una de las razones por las que decidí escribir este libro deriva de mis experiencias con clientes que pusieron la mayor parte de las utilidades de su plan 401(k) en inversiones "seguras", como cuentas del mercado de dinero y cuentas de bonos gubernamentales, y tuvieron malos resultados. Un plan 401(k) es una inversión a largo plazo. Recuerde lo que discutimos en el capítulo 7 sobre el tema: a largo plazo y después de la inflación, "nada es más seguro que invertir en acciones".

Si participa en un plan 401(k), su compañía le ofrecerá una amplia gama de opciones de inversión, por lo regular en sociedades de inversión, para que inicie sus inversiones para el retiro; probablemente abarquen desde el mercado de dinero hasta fondos de crecimiento internacionales. Usted deberá determinar su nivel de tolerancia del riesgo, cuáles son sus metas para el retiro, qué cartera de inversiones le será más conveniente para alcanzarlas y qué porcentaje de cada tipo de fondos deberá tener para ello. Aproveche los seminarios de capacitación que ofrezca la compañía, pues le darán información adicional. Recuerde que esto no es tan difícil y que usted está comprometido en una jornada larga; invierta en una cartera de sociedades de inversión de alta calidad y continúe incrementándola. Tenga en mente también cuánto pueden significar para usted las aportaciones de su empresa.

¿Existirán algunas desventajas?

Recuerde que cualquier decisión financiera que tome tiene sus propios costos. ¿Cuáles son las inconveniencias que conlleva el 401(k)?

Tendrá un acceso limitado a su dinero, hasta que se retire; aunque los planes de este tipo le permiten hacer retiros anticipados si lo necesita, en realidad dichos retiros están estrictamente limitados. Para hacerlos, tendrá que comprobar que tiene una emergencia económica inmediata y urgente, y que no puede obtener dinero por otros medios. Y aunque lo aprueben, existen límites estrictos en cuanto a la cantidad que puede obtener, además de restricciones sobre cuándo podrá participar de nuevo; por otra parte, tendrá que pagar impuestos y multas.

UN CONSEJO

Evite tomar dinero de un plan para el retiro antes de cumplir 59 y medio años, pues tendría que pagar un 10 por ciento de multa más impuesto. La excepción es que lo retire en cantidades iguales del IRA.

Asimismo, es posible obtener préstamos, pero éstos también están muy restringidos. Por regla general, puede usted pedir prestado hasta un 50 por ciento de su cuenta corriente, con un límite de $50,000; sin embargo, el pago tiene un plazo máximo de cinco años. El pago del préstamo inicial y sus intereses no puede hacerse con dinero no fiscalizado y puede disminuir su capacidad de hacer aportaciones adicionales en el futuro, disminuyendo así aún más la acumulación de sus activos a largo plazo. Por último, si usted es liquidado o cambia de empleo antes de cumplir los 55 años, cualquier saldo pendiente de su préstamo puede ser considerado como una distribución temprana de sus beneficios, lo cual lo hará gravable, como parte de sus ingresos actuales y, como en el caso anterior, se verá obligado a pagar impuestos y multas.

Para darnos cuenta de lo que se está hablando aquí, regresemos con Jesús y Martha. Ya sabemos cuáles son sus ingresos y sus aportaciones al plan 401(k). Ellos planean diferir sus impuestos hasta su retiro, cuando su categoría fiscal seguramente será menor, quizá inferior a la tasa actual más baja, del 15 por ciento. Ahora, ¿qué pasa en el retiro? Ya hemos visto que Jesús contará con una cuenta del plan 401(k) con un balance entre 1.4 y 3.2 millones de dólares, dependiendo de la tasa de interés promedio. Esto es probablemente más dinero del que él y Martha jamás soñaron tener; y, desde luego, no incluye sus demás ahorros e inversiones. Si redondeamos el número de las utilidades obtenidas en su 401(k) a 2 millones, ¿a qué tasa deberán pagar sus impuestos? Recuerde que ellos supusieron que obtendrían ingresos bajos, por lo que tendrían que pagar impuestos bajos al retirarse. Pero todo el éxito financiero que han obtenido les plantea una serie de preguntas que no consideraron 30 años atrás:

- ¿Cuántos ingresos desearán tener una vez que se jubilen, si cuentan con 2 millones de dólares en fondos para el retiro? ¿Y usted qué me dice?

- ¿Cuánto les costará vivir dentro de 30 años? Después de todo, ése podría ser el tiempo que vivan ya retirados. ¿Qué cosas desearán hacer con ese dinero?

- ¿Desearán heredar algo de éste a sus hijos, sus nietos o su institución caritativa favorita?

- ¿Qué ha sucedido con los impuestos estatales y testamentarios mientras tanto? ¿Será éste un asunto que deba importarles?

Los planes 401(k) son excelentes; pero, ¿puede haber una cuarta opción para producir mayor riqueza, disfrutarla más mientras vivimos y dejar algo de ella a nuestros familiares una vez que nos hayamos ido? Sí.

Conclusiones

¿Recuerda cuando le hablé de una nueva arquitectura para la generación de riqueza para los latinos? Le describí un sistema que se enfoca en mejorar la coordinación y la integración de todos los aspectos de un sistema financiero personal total; le hablé de pensar en forma holística sobre la generación de riqueza. El seguro de vida permanente es, sencillamente, el último ladrillo que se le pone a este edificio. Cuando revisamos los instrumentos de ahorro e identificamos la necesidad de acrecentar los rendimientos de los nuestros, le sugerí que tal vez sería posible mejorar su desempeño para producir mayores rendimientos dentro de su sistema financiero total. Si usted tiene CD, cuentas de ahorro, o cuentas del mercado de dinero, revise sus estados de cuenta. ¿Cuánto le cuestan en el presente en impuestos y crecimiento perdido? ¿Qué están haciendo en realidad por usted? Si su dinero sólo está ahí porque no sabe qué hacer con él y no ha invertido en sociedades de inversión, póngalo a trabajar más duro ¡ahora! Considere comprar algún tipo de protección garantizada por medio de una póliza de seguro de vida permanente y ponga el resto a trabajar arduamente en sociedades de inversión del mercado de valores.

Los latinos estamos emergiendo a la luz de los reflectores de Norteamérica. Cada vez se sabe más del tamaño de nuestra comunidad, de nuestro espíritu y éxito empresariales, del deseo de crear nuestro propio "sueño americano". Enfrentamos muchos retos para lograr un lugar en este país, pues estamos atrasados en cada categoría conocida de riqueza, incluyendo la educación, la experiencia, los ingresos y los bienes acumulados. Debemos acelerar nuestros esfuerzos para generar riqueza hasta alcanzar los niveles obtenidos por los anglosajones. Los nuevos métodos, el afrontar los riesgos y la comprensión de cómo funcionan los elevadores financieros capitalizables de la vida son cruciales para nuestro éxito individual y comunitario. ¿Por qué no deberíamos tener una riqueza proporcional a nuestro tiempo de existencia en este país? Si hemos de ser el 20 por ciento del pueblo estadunidense, ¿por qué razón no podemos tener el 20 por ciento de la riqueza? *¡Adelante! ¡Sí se puede!*

RECURSOS

Esta sección contiene varios recursos que le ayudarán a ser más sagaz, a entrar al complejo mundo de las computadoras e Internet, a administrar su dinero, manejar sus seguros, enfrentar el retiro y la atención de parientes mayores, y pagar los estudios universitarios. Este apéndice podría ser mucho más extenso, pero su intención es facilitarle las cosas y ahorrarle tiempo, de modo que se le ha reducido a la información esencial.

Internet, con sus oportunidades electrónicas, es la innovación tecnológica que define a nuestra era; si usted aún no cuenta con una computadora y, por ende, no "navega" por la Red, pronto lo hará. Los precios de los equipos son ahora inferiores a $1,000 y el acceso a Internet es sencillo; el reto estriba en saber dónde localizar la información adecuada y cómo tener acceso a ella sin perder mucho tiempo. Por eso le he ofrecido tantas referencias de sitios en la Red, aquí y en el resto del libro.

Invierta por medio de Internet

Por medio de un corredor en línea, usted puede administrar su dinero desde su escritorio, y comprar y vender acciones en unos cuantos segundos, a un costo inferior incluso que el ofrecido con descuento por un corredor o intermediario común. Los corredores por Internet cobran menos porque despachan desde "oficinas virtuales" y, a diferencia de las ordinarias, no tienen costos de mantenimiento, lo cual les permite transferir sus ahorros a sus clientes. Así, por ejemplo, usted puede comprar por medio de la Red 100 acciones de PepsiCo por $9.95, en tanto que si lo hace por intermediación de Smith Barney tendrá que pagar $107.25. Los $97.30 de diferencia son como un premio inesperado y, en efecto, le alcanzan para comprar dos paquetes accionarios más de PepsiCo (y un buen almuerzo).

Este ahorro en el pago de honorarios trae como consecuencia una diferencia considerable en el desempeño de las acciones que integran carteras de inversión iguales. Retomando el ejemplo anterior, si el valor de las 102 acciones de PepsiCo adquiridas vía Internet subiera un 10 por ciento al año, después de 30 años ganarían $1,413 más que si hubiera comprado 100 con un corredor común; es casi un 2 por ciento de diferencia en el rendimiento, y ésta crece aún más conforme se invierte más dinero.

Para comprar y vender acciones en línea

DLJ Direct (**www.dljdirect.com**)

Web Street Securities
   (**www.webstreetsecurities.com**)

Lindner Funds (**www.linderfunds.com**)

National Discount Brokers (**www.ndb.com**)

Quick & Reilly (**www.quick-reilly.com**)

E*Trade (**www.etrade.com**)

Waterhouse (**www.waterhouse.com**)

Schwab (**www.wschwab.com**)

Discover Brokerage (**www.discoverbrokerage.com**)

Datek Online (**www.datek.com**)

Los inversionistas individuales nunca habían tenido tanta fuerza, y nunca había sido tan fácil administrar dinero. Para el año 2002 podría haber unos 14 millones de cuentas cibernéticas; este auge es impulsado por los bajos costos de operación. En 1997, el cargo por comisión promedio de los 10 principales corredores en línea disminuyó en más del 50 por ciento, pasando de $34.65 a principios de ese año, a $15.95 cuando finalizó.

En Internet puede encontrarse casi cualquier tema y hay varios cientos de sitios relacionados con el mundo de las inversiones. Vale la pena consultar los que a continuación le presento, lo cual puede hacer sin costo alguno.

Sitios que ofrecen información actualizada, investigaciones y sugerencias respecto al mercado accionario

Morningstar, Inc. (**www.morningstar.net**)

The Motley Fool (**www.motleyfool.com**)

The Street.com (**www.thestreet.com**)

IBC Financial Data (**www.ibcdata.com**)

American Association of Individual Investor (Asociación Estadunidense de Inversionistas Individuales) (**www.aaii.com**)

Nest Egg (**www.nestegg.com**)

Zacks Investment Research (**www.zacks.com**)

Sitios que ofrecen investigaciones semiprofesionales

Yahoo!Finance (**www.yahoo.com**)

Microsoft Investor (**www.investor.msn.com**)

Market Guide Inc. (**www.marketguide.com**)

Standard & Poor's Personal Wealth (**www.personalwealth.com**)

Invest-O-Rama (**www.investorama.com**)

S&P'S Personal Wealth (**www.personalwealth.com**)

Wall Street City (**www.wallstreetcity.com**)

Sitios financieros en general

EDGAR (**www.sec.gov/edgarhp.htm**)

La página de formas y publicaciones del IRS (**www.irs.ustreas.gov/prod/forms_pubs/ index.html**)

American Stock Exchange (Bolsa de Valores Americana) (**www.amex.com**)

The Web Financial Network (**www.webfn.com**)

The Silicon Investor (**www.techstocks.com**)

The Wall Street Journal's Interactive Edition (Edición interactiva del Wall Street Journal) (**update.wsj.com/welcome.html**)

The MIT Artificial Intelligence Laboratory's StockMaster (Guía de acciones del laboratorio de inteligencia artificial del MIT) (**www.ai.mit.edu/ stocks**)

Stockwhiz.com

Sitios con información acerca de las sociedades de inversión

NETworth (**networth.galt.com**)

Mutual Funds Magazine Online (Revista Mutual Funds en línea) (**www.mfmag.com**)

Otros sitios financieros:

Informanage International Inc. (**www.infomanage.com/investment/ default.html**)

Departamento de Finanzas de la Ohio State University—The Financial Data Finder (**www.cob.ohio-state.edu/dept/fin/osudata.html**)

Investment Brokerages Guide (Guía de corretaje de inversiones) (**www.cs.cmu.edu/~jdg/ invest_brokers/index.html**)

Microsoft Money Insider (**www.moneyinsider.msn.com**)

Deloitte & Touche (**www.dtonline.com**)

Fidelity Investments (**www.fidelity.com**)

FinancCenter/Smartcalc (**www.financenter.com**)

Intuit (**www.intuit.com**)

Quicken (**www.quicken.com**)

Cómo dar seguimiento a las acciones consultando las cotizaciones

Los precios de las acciones cambian a diario, y las inversiones en acciones ordinarias no tienen valores garantizados; sus precios reflejan la información que el mercado puede allegarse y la interpretación que de ella hace. Esta variabilidad en los costos individuales y dividendos de las acciones representa el riesgo que el inversionista asume. Parte de la información con la que éste cuenta es la cotización vigente de los precios de las acciones; las acciones ordinarias pueden cotizarse en la Bolsa de Valores de Nueva York, en la Bolsa de Valores Americana (American Stock Exchange), en la NASDAQ (National Association of Securities Dealers Automated Quotation System) y en las bolsas regionales. Para que las acciones de una empresa puedan registrarse, ésta debe cumplir algunos requisitos, como son un número mínimo de accionistas, el número de acciones en circulación y una cantidad mínima de activos y de valor neto, entre otros factores variables.

La información acerca de las compañías, las industrias y la economía en general está siempre a la mano, y es la misma que provoca los cambios en los precios de las acciones y los movimientos en los mercados. Si el inversionista no cuenta con un marco de referencia para ponderar la información con el objeto de valuar una acción ordinaria, le será muy difícil llegar a un juicio acertado.

La NYSE, la Amex y la NASDAQ publican sus resultados diariamente (más adelante se presentan algunos ejemplos de estas cotizaciones accionarias), en formatos similares. Las siguientes son definiciones de sus principales elementos de información.

52 Weeks Hi, Lo (52 semanas; alza, baja): los precios más altos y más bajos de la acción durante el año anterior.

Stock (acción): el nombre abreviado de la compañía (quizá se abrevie aún más, poniendo su símbolo bajo la columna SYM).

Sym (símbolo): el símbolo de la compañía en la bolsa.

Div (dividendo): dividendo anual en efectivo por acción, especificado en dólares y centavos.

Yield% (porcentaje de rédito): rédito sobre dividendos; el dividendo en efectivo dividido entre el precio de mercado de la acción. Por ejemplo, si el dividendo en efectivo es $6 y el precio de la acción en el mercado es $100, entonces el porcentaje de rédito es 6 por ciento ($6 ÷ $100).

PE (PU: múltiplo de precio-utilidad): el precio de mercado por acción dividido entre las utilidades anuales más recientes por acción. Por ejemplo, si la cifra de utilidades por acción en el mercado es de $8 y el precio de mercado de la acción es $100, entonces el múltiplo P-E es de 12.5 ($100 ÷ $8).

Sales 100s (ventas por centenares): cantidad de lotes normales o completos de 100 acciones cada uno, negociados durante el día. Si se negocian 50 lotes, esto equivale a negociar un total de 5,000 (50 x 100) acciones.

Hi (a la alza): cotización a la alza en un día (o precio máximo).

Lo (a la baja): cotización a la baja en un día (o precio mínimo).

Last (cotización al cierre): precio al cierre de la actividad bursátil del día.

Net change (diferencia neta): cambio en el precio de la acción en relación con su cotización al cierre del día anterior.

52 semanas

Hi	Lo	Stock	Div.	Yield %	PE	Vol 100s	Hi	Lo	Last	Net chg
$18^1/_2$	$11^3/_8$	PepsiGem	.15	1.2	...	173	$12^1/_8$	12	$12^1/_4$	$+^1/_4$
$44^1/_2$	$33^3/_8$	PepsiCo	.52	1.2	33	33542	$43^3/_4$	$41^3/_8$	$43^1/_4$	$+1^1/_2$
$86^1/_2$	55	Perk El	.68	1.1	59	1519	$64^1/_4$	62	$62^1/_8$	$-1^3/_4$
$5^1/_8$	$4^1/_4$	Prmian	.17	1.1	19	29	$4^3/_8$	$4^1/_2$	$4^7/_8$	$+^1/_4$
24	$14^3/_8$	PersGp	.09	...	23	1386	20	19	$^1/_8$	$19^1/_2$
$28^1/_8$	$17^1/_8$	Petersen	...	1.4	51	33	$25^1/_4$	25	$^1/_8$	$25^1/_4$

La información sobre las utilidades y los dividendos de una compañía puede impactar al mercado de valores, en especial cuando las nuevas cifras no coinciden con los estimados hechos por analistas e inversionistas (véase la siguiente tabla). Los ingresos que obtiene la compañía representan sus utilidades, las cuales publica cada trimestre y se consideran el factor de influencia más importante en los precios del mercado. Las utilidades que obtienen las compañías representan el marcador que evalúa si son exitosas o no. Los incrementos en los ingresos hacen posibles los incrementos en los dividendos y provocan que las acciones sean más atractivas. Lea la columna de izquierda a derecha como sigue.

Se lista el **nombre** (*name*) de la compañía, seguido por la clave del sitio donde se negocian las acciones, por ejemplo, Humana Inc. se negocia en la Bolsa de Valores de Nueva York. Se hacen comparaciones entre el trimestre actual y el del año anterior. El ingreso bruto se incluye como **ingresos** (*revenues*) en el caso de las compañías de servicios y como ventas en el caso de las compañías manufactureras. La **utilidad neta** (*net revenue*) es la ganancia obtenida durante el trimestre. Los **ingresos por acciones: utilidad neta** (*share earns: net income*) se definen como el ingreso neto dividido entre el número de acciones. Si no se trata de los datos del primer trimestre, se proporciona la misma información del año a la fecha.

Humana Inc. (N)		
Quar (Trimestre) may 31	1998	1997
Revenues (Ingresos)	$891,143,000	$744,471,000
Net income (Ingreso neto)	63,820,000	52,274,000
Share earns: Net income		
(Ingresos por acciones:		
utilidad neta)	.64	.53
Revenues (Ingresos)	2,531,068,000	2,169,228,000
Income (Utilidades)	168,828,000	135,371,000
Extrd chg		
(Cargo extraordinario)	16,133,000	14,354,000
Acctg Adj (Ajuste contable)	12,639,000	...
Net income (Utilidad neta)	168,909,000	135,371,000
Shr earns		
(Ingresos por acción)		
Income (Utilidad)	1.71	1.38
Net income (Utilidad neta)	1.71	1.38

Cómo pagar los estudios universitarios

Actualmente, el costo anual promedio de los estudios de cuatro años en una universidad pública estadunidense es de más de $10,000, y en una privada, de más de $21,000. ¿Qué hacer? Primero lea el capítulo 9, después elabore un plan de ahorro para la educación universitaria y haga los siguientes cálculos para los estudios de su hijo.

1. Edad actual de su hijo _____

2. Años que le faltan para llegar a la universidad (18 menos su edad actual) _____

3. Costos universitarios anuales _____

4. Escuela pública estadunidense $10,069*

5. Escuela privada estadunidense $21,424*

6. Factor de incremento del costo (obtenga esta cifra con base en la tabla que sigue)   _____

7. Costo futuro anual de los estudios universitarios (multiplique el renglón 3 por el renglón 4)   _____

8. Costo total de los estudios universitarios (multiplique el renglón 5 por la cantidad de años de estudios universitarios planificados)   _____

---

*Costo anual estimado para 1997 y 1998 por el College Board.

Como paso siguiente, consulte las dos tablas que aparecen a continuación para calcular el número de años con los que cuenta antes de que su hijo ingrese a la universidad. Viendo dónde esa línea intercepta la cantidad de la línea 6, podrá calcular cuánto debe ahorrar, con un solo depósito en el presente o mensualmente para llegar a cubrir el costo total (estas cifras suponen un incremento de 8 por ciento capitalizable anual).

Años que faltan	Factor de incremento del costo
1	1.08
2	1.17
3	1.26
4	1.36
5	1.47
6	1.59
7	1.71
8	1.85
9	2.00
10	2.16
11	2.33
12	2.52
13	2.72
14	2.94
15	3.17
16	3.43
17	3.70
18	4.00

Inversión gradual	Inversión de una sola partida

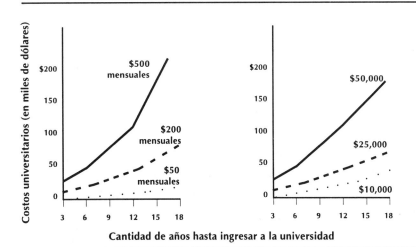

Estas cifras suponen un incremento de 8 por ciento capitalizable anual.

Fuente: Mutual Fund Education Alliance

Cómo tener un millón
para cuando cumpla 65 años

Para ahorrar para el retiro (o cualquier otra cosa), el tiempo y los rendimientos son factores clave. En la siguiente tabla, encuentre su edad y observe la diferencia que tan sólo unos puntos en los rendimientos anuales pueden marcar en su utilidad. La tabla muestra cuánto debe ahorrar cada mes, a partir de *ahora*, para tener un millón de dólares al cumplir 65 años; también muestra que cuanto más temprano empiece a ahorrar, mayor riqueza obtendrá.

Cantidad que debe ahorrar mensualmente

Edad de inicio	8% de rendimientos	10% de rendimientos	15% de rendimientos
25	$310	$180	$45
30	470	300	90
35	710	490	180
40	1,100	810	370
45	1,760	1,390	760
50	2,960	2,500	1,640
55	5,500	5,000	3,850
60	13,700	13,050	11,600

Conozca su valor neto

Saber cuál es su valor neto es el primer paso importante para planear su futuro financiero. Su valor neto es el monto de lo que posee (sus activos), menos lo que debe (sus pasivos). Es probable que tenga una casa, autos, joyas, un plan de retiro y quizá también algunas acciones y bonos; todo son sus activos, a los que debe restar sus pasivos, como los pagos de hipoteca, los préstamos por pagar y los cargos a las tarjetas de crédito.

Si no ha hecho este cálculo nunca o no lo ha hecho en los últimos años, he aquí la oportunidad. Tómese un tiempo, busque su chequera, facturas, estados financieros y una calculadora; elija una fecha y realice las siguientes operaciones:

1. Sume el valor de todo lo que posea (sus activos).
2. Sume el valor de todo lo que deba (sus pasivos).
3. Reste sus pasivos de sus activos. La diferencia será su valor neto.

1. Pasivos al día _____ **(fecha)**

Efectivo disponible
Cuentas de cheques   _____
Cuentas de ahorro   _____
Cuentas del mercado de dinero   _____
Valor en efectivo del seguro de vida   _____

Fondos para el retiro
Pólizas   _____
IRA o Keogh   _____
Planes de ahorro para el retiro,
   porción correspondiente al
   derecho por antigüedad   _____
Plan de pensión con la
   misma porción   _____
Bonos del Ahorro estadunidenses   _____

Inversiones
Valor de acciones en el mercado
Bonos   _____
Sociedades de inversión   _____
Otras   _____

Bienes raíces, valor en el mercado
Residencia y casa de veraneo   _____

Activos personales

Auto(s) _____

Bote(s) _____

Muebles _____

Joyas y otros artículos de lujo _____

Colecciones y equipo para
pasatiempos _____

Otros _____

Total de activos _____

2. Pasivos al día _____ **(fecha)**

Cuentas por pagar

Cuentas de crédito comercial
o cargos de tarjeta de crédito _____

Renta o pagos mensuales de
hipoteca _____

Pagos de préstamos a plazos _____

Pagos del auto _____

Impuestos vencidos _____

Saldo por pagar de:

Hipoteca de su residencia o
casa de veraneo _____

Préstamos para la compra
de un auto _____

Préstamos a plazos _____

Préstamos sobre el seguro de vida _____

Otros préstamos _____

Total de pasivos _____

3. Valor neto

Total de activos _____

Menos total de pasivos _____

Valor neto _____

GLOSARIO

acción (*share*) Unidad que representa la medida de propiedad (capital social) en una empresa o en una sociedad de inversión.

acción (*stock*) Título valor que representa la propiedad parcial de una compañía. El precio de una acción refleja el desempeño financiero de esta empresa.

acción no cíclica (*noncyclical stock*) Compañía cuyas acciones no ven afectados sus precios por los cambios positivos o negativos de la economía.

acción ordinaria (*common stock*) Título o valor que demuestra la propiedad de una compañía. Los accionistas comparten las utilidades o pérdidas resultantes de sus dividendos y cambios en su valor de mercado. Las acciones comunes son las más usuales.

acción preferente (*preferred stock*) Título valor de una compañía que, en caso de entrar en bancarrota, obtiene la preferencia para la distribución de dividendos y dinero, antes que las acciones ordinarias. Las acciones preferentes no presentan fluctuaciones de precio tan grandes como las ordinarias de la misma compañía.

acciones cíclicas (*cyclical stock*) Al desacelerarse una economía, es posible que los productores de bienes duraderos, como los automóviles, sufran una baja en sus ventas, en tanto que una compañía que produce básicos, como los alimentos, no resulte afectada en gran medida. Las empresas productoras de bienes duraderos se consideran cíclicas porque su rendimiento depende directamente de los ciclos económicos.

acciones "de centavo" (*penny stock)* Acciones de empresas de reciente creación y poco prestigiadas que, si bien en realidad no se negocian en centavos, sí tienen un precio bajo, son de alto riesgo y muy especulativas. Tienen el potencial de retribuir grandes sumas o pérdidas a sus inversionistas. Muchas empresas tecnológicas se consideran inversiones "de centavo".

acciones de crecimiento (*growth stock*) Acciones, comúnmente de compañías pequeñas, con excelentes perspectivas y potencial de rápido crecimiento, que se espera logren una apreciación mejor que la promedio debido a sus altas ganancias y expansión. Son inversiones más riesgosas que las acciones patrimoniales.

acciones de ingresos (*income stock*) Aquellas emitidas por las empresas de servicios públicos, como las telefónicas, las gaseras o las de energía eléctrica, que siempre tienen flujos de efectivo consistentes y acciones con un historial de pago de altos dividendos, pero que no tienen un crecimiento rápido.

acciones defensivas (*defensive stock*) Lo contrario de las acciones cíclicas, porque no son afectadas por los ciclos comerciales. Los servicios públicos se consideran defensivos porque, aun en tiempos difíciles, la gente tiene que consumir electricidad y gas.

acciones patrimoniales (*blue chip stock*) Las acciones mejor valoradas, con un largo historial de utilidades y dividendos. Por lo regular son emitidas por compañías como IBM y PepsiCo. El Promedio Industrial Dow Jones está constituido por acciones de 30 compañías de esta clase.

accionista (*stockholder*) Inversionista individual en una compañía.

adquisición de derechos (*vesting*) Cuando un empleado califica para los beneficios de retiro por parte de su empleador, aun cuando no continúe en la compañía. La adquisición máxima es cuando un trabajador puede conservar el 100 por ciento del dinero aportado por su empleador al final de un periodo predeterminado de servicio, como cinco años. La adquisición gradual es cuando obtiene los derechos poco a poco en un cierto número de años. Por ejemplo, puede adquirir un 20 por ciento de derechos al año entre el segundo y el séptimo, hasta que finalmente obtenga el 100 por ciento.

American Stock Exchange (*Amex*) (*Bolsa de Valores Americana*) Bolsa de intercambio de valores, con sede en Nueva York, donde se comercian acciones de compañías pequeñas y medianas, así como de empresas petroleras y gaseras.

apreciación de capital (*capital appreciation*) Incremento del precio de un título o valor, como una acción. Si se adquiere un paquete accionario por $10 y éste incrementa su valor a $15, la apreciación de capital es de $5.

asignación de activos (*asset allocation*) Proceso de invertir en diferentes tipos de instrumentos (como acciones, bonos y valores estables), para ayudar a disminuir los riesgos que implica invertir en uno solo.

beta (*beta*) Forma de evaluar la volatilidad (el riesgo) de una sociedad de inversión o acción en relación con el mercado en su conjunto. Un fondo con un beta 1 corre el mismo riesgo que el mercado. Un fondo con beta 2 tiene dos veces el riesgo, por lo que podría hacer que un inversionista duplicara sus utilidades o pérdidas, en comparación con el mercado. Un beta menor de 1 significa que una sociedad de inversión o acción se moviliza menos que el mercado.

bienes raíces (*real estate*) Propiedades consistentes en terrenos y todas las estructuras y edificios permanentes que en ellos se encuentren.

Bolsa de Valores de Nueva York (NYSE) (*New York Stock Exchange*) Mercado de valores en Nueva York, ubicado en la calle de Wall Street, en Manhattan. Se le conoce como "The Big Board". Es la bolsa de valores más grande y antigua del mundo y por lo general comercializa acciones de las compañías más antiguas y prestigiadas.

bono (*bond*) Título de deuda de una empresa, de la Tesorería de Estados Unidos o de los gobiernos locales, que se paga con intereses a su vencimiento. A diferencia de los accionistas, los tenedores de bonos no son dueños de una parte de la compañía, sólo de su deuda.

bono cupón cero (*zero coupon bond*) Certificado que se vende a un precio menor a su valor nominal. A pesar de que no paga intereses, la deuda incrementa su valor de manera gradual hasta que acaba por pagarse a su valor total.

bono de la Tesorería (*Treasury bond*) Similar al pagaré de la Tesorería, pero su deuda se vende en denominaciones de $1,000 y se amortiza entre siete y 30 años, con intereses fijos sobre la deuda que se pagan cada seis meses.

bonos chatarra (*junk bonds*) Certificados de emisoras que tienen una deuda alta y, por lo mismo, una gran posibilidad de no devolver la inversión. Ofrecen altos intereses y un alto riesgo.

bonos convertibles (*convertible bonds*) Títulos de deuda de una compañía que pueden intercambiarse por acciones ordinarias de la misma. A diferencia de los bonos regulares, cuyo valor fluctúa según la tasa de interés, los precios de estos bonos tienden a fluctuar según los precios de las acciones.

Bonos del Ahorro del gobierno de Estados Unidos (*U. S. Savings Bonds*) Certificados registrados y no transferibles ofrecidos por el gobierno federal. Cuentan con distintas tasas de interés y fechas de vencimiento, las cuales se especifican según la serie (tipo) de la deuda. Estos instrumentos de ahorro son los que se daban antaño a los niños y jóvenes.

bonos indizados a la inflación (*inflation-indexed bonds*) Certificados del Tesoro norteamericano indizados a la inflación. El valor de los bonos se incrementa en la misma medida que la inflación.

bonos municipales (*municipal bonds*) Títulos vendidos por un estado, un municipio u otra subdivisión a inversionistas. Los intereses ganados suelen ser libres de impuestos.

calificación de bonos (*bond rating*) Evaluación que se hace de los bonos, para indicar la calidad de la inversión. Las calificaciones van desde AAA (muy poco probable que incumpla sus pagos) a D (en incumplimiento), así que cuantas más calificaciones de A se otorguen a una inversión, mejor resultará. Moody's Investment Services y Standard & Poor's son los más importantes evaluadores de bonos.

calificación Standard & Poor's (*Standard & Poor's Rating*) Grado asignado a un bono que representa sus probabilidades de pagar la deuda contraída. Los que reciben calificaciones que van desde BBB hasta AAA se denominan "grado de inversión", porque representan un bajo riesgo.

capital (*capital*) Dinero.

capital de riesgo (*venture capital*) Dinero invertido en una empresa recién formada, con la esperanza de hacer grandes ganancias cuando empiece a cotizar sus acciones en la bolsa.

capitalización (*compounding*) Proceso según el cual una inversión genera intereses sobre sus intereses, con el objeto de obtener mayores ganancias a largo plazo.

capitalización del mercado (*market capitalization*) Monto de acciones que una corporación tiene permitido emitir.

cargo (*load*) Cantidad que pagan los accionistas por la venta o la compra de sociedades de inversión. En general, un fondo de bajo cargo cobrará del 1 al 3%; uno de mediano cargo, del 3 al 6%; y uno de cargo completo, del 6 al 8.5%. También existen los fondos libres de cargo.

cargo por venta anticipado (*front-end load*) Comisión sobre venta u otra que una sociedad de inversión carga en el momento en que se adquieren acciones. Se calcula como porcentaje del monto invertido. La comisión cobrada sobre una inversión de $1,000 con un cargo por venta anticipada de 2% es de $20.

cargo por venta diferido (*back-end load*) Pago de una comisión o cargo por ventas, que se liquida al vender una sociedad de inversión.

cartera o portafolios (*portfolio*) Variedad de inversiones pertenecientes a un individuo, como sociedades de inversión, acciones, bonos y cuentas del mercado de dinero.

certificado de depósito (CD) (*certificate of deposit*) Depósito similar a una cuenta de ahorros, pero que paga un interés más alto, debido a que su periodo de inversión y sus montos son fijos, por lo general de 30 días a varios años. Es el instrumento del mercado de dinero más utilizado. Si el inversionista lo amortiza antes de su vencimiento, queda sujeto a multas cuantiosas.

comisión (*commission*) Cuota que el inversionista paga a un corredor o agente por efectuar una operación o por su asesoría. Se cobra al comprar o vender un título o valor.

comisión basada en activos12b-1 (*12b-1*) Cargo distinto a las comisiones, que en muchos casos se suma a éstas. Es un cargo que hacen anualmente las sociedades de inversión para cubrir sus gastos de promoción y mercadotecnia. Se le llama así por el reglamento de la Comisión de Valores y Bolsas que autoriza su cobro.

Comisión de Valores y Bolsas (SEC) (*Securities and Exchange Commission*) Comisión reguladora federal de Estados Unidos que vigila las operaciones de acciones y bonos para proteger a los inversionistas. La SEC fue fundada después de la gran caída de la bolsa en 1929, con el fin de evitar que se repita.

compañía (*corporation*) Organización mercantil de responsabilidad limitada. Sus dueños, incluidos los accionistas, podrían perder tan sólo la cantidad de dinero que inviertan.

compañía de inversión cerrada (*closed-end fund*) Sociedad de inversión con una cantidad limitada de acciones que se compra o vende en las bolsas de valores o fuera de ellas (*over the counter, OTC*). A diferencia de una sociedad de inversión abierta, que basa el precio de sus acciones en el valor de sus activos, el precio de una compañía de inversión cerrada se determina por la oferta y la demanda, igual que una acción.

Consumer Price Index (*CPI*) (*Índice de Precios al Consumidor*) Tasa de inflación resultante de los cambios en los precios de un grupo determinado de bienes de consumo y servicios. Su cálculo es determinado por el Bureau of Labor Statistics (Oficina de Estadísticas Laborales) en Washington.

corredor (*broker*) Persona acreditada que actúa como intermediario entre el comprador y el vendedor de valores, como las acciones. Por regla general, cobran una comisión por sus servicios.

corredor con descuento (*discount broker*) Lo opuesto a un corredor de servicio completo, ofrece servicios de intermediación básicos a bajo costo, incluida la compra y venta por Internet. No proporciona asesoría ni recomendaciones.

corredor de servicio completo (*full-service broker*) Agente de valores que provee un amplio rango de servicios para la inversión, que incluyen investigación, planeación de inversiones y operación.

cuenta a nombre del titular nominal (*street name*) Inversión manejada a nombre de un corredor en vez del inversionista.

cuenta del mercado de dinero (*money market account*) Cuenta en una institución financiera, donde los fondos se invierten en instrumentos de deuda seguros a corto plazo, como los CD y los pagarés de la Tesorería a corto plazo. Por lo general pagan un mayor rendimiento que las cuentas de ahorro regulares.

distribución mínima (*minimum distribution*) Cantidad que el plan de retiro de un inversionista debe pagarle cuando llegue a los 70 años de edad.

diversificación (*diversification*) Forma de reducir el riesgo al invertir en más de un tipo de instrumento. Las sociedades de inversión la proporcionan al invertir en varias emisoras distintas.

Dividend Reinvestment Plan (DRIP) (*Plan de Reinversión de Dividendos*) Esquema libre de comisiones, según el cual los dividendos que ofrece una compañía se aplican automáticamente a la adquisición de más acciones de la misma. Los DRIP representan una manera económica de aumentar el valor de cartera de una acción en particular.

dividendo (*dividend*) Ganancias en efectivo provenientes de las utilidades netas de una corporación o sociedad de inversión que se distribuyen a los accionistas, por lo común, cada trimestre.

división de acciones (*stock split*) División del total de acciones de una empresa en un número proporcional mayor, con el fin de bajar su precio para facilitar su comercialización. Por ejemplo, si una acción se divide en dos, el inversionista que tenía 50 tendrá ahora 100, pero el precio por acción bajará a la mitad, obteniendo al final el mismo valor de cartera.

Dow Jones Industrial Average (DJIA) (*Promedio Industrial Dow Jones*) Indicador de mercado de difusión más amplia compuesto por el promedio del precio de las

30 emisiones de acciones industriales más grandes registradas en el NYSE. Puesto que en la actualidad hay más de tres mil tipos de acciones en la Bolsa de Valores de Nueva York, no refleja con precisión la actividad del mercado.

fecha de vencimiento (*maturity date*) Fecha en que el capital de un bono o certificado de depósito se le reembolsa al inversionista.

Federal Deposit Insurance Corporation (FDIC) (*Corporación Federal de Depósito de Seguros*) Empresa privada que proporciona seguros de depósito a los bancos afiliados hasta por 100,000 dólares.

fondo accionario (*stock fund*) Fondo cuyo valor por lo general se eleva durante los periodos en que el mercado de valores sube, y disminuye cuando baja.

fondo de bonos (*bond fund*) Sociedad de inversión que sólo invierte en bonos empresariales, de la Tesorería de Estados Unidos o de los gobiernos locales. Ofrecen rendimientos más bajos y dan preferencia al ingreso estable sobre las utilidades o pérdidas rápidas.

fondo del índice (*index fund*) Sociedad de inversión que invierte estrictamente en las acciones de un índice bursátil específico, como el Compuesto de 500 Acciones de Standard and Poor's o el Russell de 2000.

fondo del mercado de dinero (*money market fund*) Sociedad de inversión que invierte en instrumentos relativamente seguros de deuda a corto plazo. El precio por acción, por lo general, es de $1.00.

fondo equilibrado (*balanced fund*) Sociedad de inversión que invierte en bonos y acciones, por lo general en una proporción de 60 y 40 por ciento, respectivamente.

ganancia y pérdida de capital (*capital gain/loss*) Monto de la ganancia o pérdida obtenida al vender una inversión. Si una acción es adquirida por $10 dólares y se vende en $15, logra una ganancia de capital de $5; pero, si se vende en $5, sufre una pérdida de capital de $5. Las ganancias de capital son gravables.

grado de inversión (*investment grade*) Calificación otorgada a bonos con riesgo moderado a bajo, por lo regular con una calificacion "BBB".

impuestos diferidos (*tax deferred*) Oportunidad de desplazar el pago de impuestos federales sobre las inversiones.

índice (*index*) Herramienta para medir el desempeño de un mercado por medio de un conjunto o muestra de acciones. Los índices más comunes son el Dow Jones o el Compuesto de 500 Acciones de Standard and Poor's.

Individual Retirement Account (IRA) (*Cuenta Individual para el Retiro*) Cuenta que permite a los trabajadores contribuir con dinero para su retiro sin tener que pagar impuestos sobre lo que aportan o sobre el interés que genera. Por lo general, el dinero de la IRA no puede retirarse sin pagar una multa del 10%, hasta que el beneficiario cumpla 59 años y medio de edad.

inflación (*inflation*) Aumento persistente y mensurable del nivel general de precios y la consecuente disminución del valor del dinero.

informe anual (*annual report*) Publicación editada por los administradores de una empresa o sociedad de inversión, en la que se resume su desempeño durante un año calendario (o calendario fiscal) y se analizan sus perspectivas. Además, sirve como herramienta auxiliar en las relaciones públicas, para atraer a nuevos inversionistas.

ingreso (*income*) Dividendos o pagos de intereses derivados de acciones o bonos.

ingreso gravable (*taxable income*) Cantidad de dinero devengado sobre la cual deben pagarse impuestos federales y estatales.

interés (*interest*) Cargo por el uso de dinero. El prestamista cobra intereses; el prestatario los paga.

inversión (*investment*) Invertir su dinero en un instrumento como acciones, bonos, sociedades de inversión, bienes inmuebles, con la expectativa de incrementar su valor.

invertir (*investing*) Colocar recursos en valores como acciones, bonos o sociedades de inversión.

Keogh Plan (*Plan Keogh*) Plan para el retiro elegible con impuestos diferidos para empresas pequeñas o trabajadores independientes o que obtienen ingresos adicionales prestando servicios fuera de su empleo regular.

liquidez (*liquidity*) Facilidad con la que una inversión puede convertirse en efectivo en el mercado. Todos los instrumentos de ahorro e inversión son menos líquidos que el efectivo, el cual es completamente líquido.

mercado alcista (*bull market*) Alza en los precios de las acciones en general. Históricamente, los precios de acciones muestran una tendencia alcista a largo plazo.

mercado bajista (*bear market*) Caída en los precios de las acciones. Desde la Primera Guerra Mundial se han registrado 10 caídas importantes del mercado. Los mercados a la baja por lo común son causados por expectativas de una disminución de las actividades económicas.

múltiplo de precio–utilidad *(P/U)* *(price/earnings ratio)* Precio de una acción dividido entre sus ganancias de los últimos 12 meses. Esta relación refleja cuánto están dispuestos a pagar los inversionistas por el poder de ganancia de una acción. Se calcula dividiendo el precio de mercado actual de una acción entre las ganancias por acción de la compañía (esto es, el total de utilidades de la compañía dividido entre el número de acciones en circulación). Sirve como auxiliar para saber cuán alto o bajo se cotiza una acción en comparación con su potencial real de ganancia.

NASDAQ Sistema Automatizado de Cotizaciones de la National Association of Securities Dealers. Sistema computarizado para corredores y agentes, para comerciar acciones en compañías en el mercado extrabursátil. No cuenta con un piso de transacciones real, dado que todos los precios y cotizaciones se intercambian en forma electrónica. Por lo regular, en la NASDAQ se cotizan las acciones de compañías pequeñas y nuevas, como las de la industria tecnológica, Microsoft e Intel, entre otras.

nuevas emisiones *(new issue)* Primera venta pública de un instrumento de inversión por parte de una compañía.

objetivo de inversión *(investment objective)* Los objetivos de una sociedad de inversión u otra inversión. Por lo general, ingresos, apreciación de capital (acciones de crecimiento), seguridad, bonos o la combinación de estos tres elementos.

oferta pública inicial *(IPO)* *(initial public offering)* Primera venta de acciones de una sociedad anónima al público.

orden de suspensión de venta *(stop order)* Indicación del inversionista a su corredor de vender un título al caer o subir éste a un precio determinado, como una manera de protegerse. Por ejemplo, si usted compra un paquete a $40 por acción, que luego sube a $55, garantice la obtención de una utilidad ordenando su venta si su precio cae a $50 o sube a $65.

pagaré de la Tesorería (*Treasury note*) Similar al bono de la Tesorería, pero con vencimiento de uno a siete años.

pagaré de la Tesorería a corto plazo (*T–bill*) (*Treasury bill*) Título de deuda de bajo ingreso y bajo riesgo, pagadero a un año o menos, usualmente vendido en bloques de $10,000, emitido por la Tesorería de Estados Unidos para cubrir algunos gastos. No paga intereses, pero la deuda se vende a un precio menor que su valor nominal y se paga a su valor total a su vencimiento.

papel comercial (*commercial paper*) Certificados a corto plazo cuyos vencimientos oscilan entre 2 y 270 días. Por lo general los venden compañías que desean reunir capital.

pico (*odd lot*) Si un inversionista compra o vende menos de 100 acciones de una compañía en una sola operación, su corredor puede cobrarle una comisión adicional.

Plan 401 (k) (*401 k plan*) Plan de retiro ofrecido por un empleador, con impuestos diferidos para empleados que hacen aportaciones a una cuenta de inversión de la empresa.

Plan 403 (b) (*403 b plan*) Plan de retiro que se ofrece a los empleados de escuelas públicas y de ciertas organizaciones no lucrativas.

plan de aportaciones definidas (*defined-contribution plan*) Plan para el retiro de aportaciones establecidas para el empleador y el empleado, que por lo regular son un porcentaje del salario. La cantidad de ingreso que el individuo puede retirar se basa en sus aportaciones, tiempo de servicio y sueldo. El plan 401 (k) es de este tipo.

poder (*proxy*) Autorización otorgada por un accionista a otra persona para ejercer su derecho de voto en una asamblea. Es utilizada por accionistas que no pueden, o no desean, participar en dichas asambleas.

promediar costos en dólares (*dollar-cost averaging*) Estrategia en la cual un inversionista aplica el mismo monto en dólares a la compra de acciones en intervalos regulares, sin importarle el precio. Debido a que las acciones se adquieren a precios altos y bajos, se promedia el costo a largo plazo.

prospecto (*prospectus*) Documento que describe los objetivos de inversión de una sociedad de inversión, sus políticas y sus honorarios. El cliente debe leerlo antes de invertir y si no lo entiende, consultar a un asesor.

rendimiento (*yield*) Cantidad de dinero que una persona obtiene de su inversión, expresada como porcentaje de su aportación inicial.

rendimiento actual (*current return*) Crecimiento de la inversión inicial al término de un año.

rendimiento total (*total return*) Porcentaje de las utilidades totales generadas por una inversión.

renta fija (*fixed income*) Una tasa de interés garantizada. Los bonos que pagan cantidades de dinero específicas a un tiempo determinado son un ejemplo de lo que representa un valor de renta fija.

riesgo (*risk*) Incertidumbre respecto de las posibilidades de que una inversión cumpla o no con sus expectativas; en otras palabras, las probabilidades de que gane o pierda dinero.

riesgo de inversión (*investment risk*) Riesgo de que una inversión tenga menor valor en un punto específico en el futuro que en el momento en que se hizo.

riesgo del mercado (*market risk*) Posibilidad de que un inversionista sufra pérdidas a causa de las fluctuaciones en los precios de mercado, en general o en sectores específicos por razones de fuerza mayor. Por ejemplo, el aumento del precio del jugo de naranja debido a una helada en el estado de Florida.

riesgo financiero (*financial risk*) Probabilidad de que una compañía no pague a sus inversionistas.

riesgo/recompensa (*risk/reward*) Presión resultante entre mantener una inversión y maximizar sus ganancias. Cuanto más alta sea la promesa de rendimiento, mayor será la posibilidad de perder la inversión inicial; en consecuencia, a menor riesgo, menores las ganancias.

rotación (*rollover*) Transferencia de los ahorros para el retiro de un fondo calificado a otro sin tener que pagar una penalización impositiva.

Seguridad Social (*Social Security*) Programa del gobierno que provee ingresos y servicios de salud a los jubilados y otras personas. Los beneficios que se les otorgan dependen de las aportaciones que realizaron durante su vida.

sociedad de inversión (*mutual fund*) Fondo de dinero, administrado de manera profesional, que las personas invierten en bonos, acciones y otros valores. Ofrece a los accionistas las ventajas de una cartera diversificada, ya que está constituido por una amplia gama de acciones, con lo cual distribuye el riesgo inherente a las inversiones.

sociedad de inversión abierta (*open–end fund*) Sociedad de inversión diseñada para vender más acciones y también recomprarlas, para cubrir la demanda e incrementar el monto de dinero disponible para invertir. La mayoría de las sociedades de inversión son de este tipo.

sociedad de inversión libre de cargos (*no–load mutual fund*) Sociedad de inversión que no impone un cargo por venta cuando un inversionista la compra o la vende.

tasa de rendimiento (*rate of return*) Cantidad de dinero que se recibe como pago por la inversión. Por lo que hace a las acciones, son los dividendos anuales divididos entre el precio de compra. En cuanto a los bonos, es el monto real de los intereses generados.

título accionario (*stock certificate*) Documento legal que certifica la propiedad de un número específico de acciones de una compañía.

tolerancia del riesgo (*risk tolerance*) Grado de riesgo que un inversionista está dispuesto a asumir para obtener un monto de recompensa dado.

utilidades (*earnings*) El dinero que obtiene una compañía después de cubrir todos sus gastos.

valor de activo neto (NAV) *(net asset value)* Precio de una acción de una sociedad de inversión, que se calcula restando el pasivo del fondo del total de los activos en cartera y dividiendo el resultado entre el número de acciones en circulación. Es un indicador fundamental de su inversión y suele encontrarse en los listados que los periódicos publican acerca del rendimiento de las sociedades de inversión.

valores (*securities*) Término utilizado para definir las acciones, bonos e instrumentos del mercado de dinero.

SÍ SE PUEDE
TENER ÉXITO
PRIMERA EDICIÓN
MARZO 1999
TIRO: 3, 000
IMPRESIÓN Y ENCUADERNACIÓN:
XPERT PRESS, S.A.
OAXACA NO. 1, ESQ. PERIFÉRICO
COL. SAN JERÓNIMO ACULCO
MÉXICO, D.F.